"*Fuerza del alma* es una receta sencilla y reveladora para enriquecer tu vida y la de quienes te rodean. Vive plenamente y fortalece tu relación con Cristo aplicando estos 12 ritmos en tu vida. Como médico, me enfoco en ayudar a los pacientes a prosperar físicamente, pero en este libro, Alan te ayudará a prosperar en tus relaciones."

— *Lee Nelson, M.D.*

I0518174

FUERZA DEL ALMA

RITMOS PARA VIVIR EN PLENITUD

DR. ALAN AHLGRIM

ILLUMIFY
MEDIA.COM

Número de Control de la Biblioteca del Congreso: 2021922600

Publicado por
Illumify Media Global
www.IllumifyMedia.com "
¡Démosle vida a su libro!"
ISBN de tapa blanda: 978-1-964251-31-8

Composición tipográfica por Art Innovations (http://artinnovations.in/)

Diseño de portada por Debbie Lewis

Impreso en los Estados Unidos de América

Equipo de traducción al español:

Joel Ahlgrim, Sara Beltz, Elizabeth Labrin, Alex Díaz, Gabriela Ortiz, Catherine Swanberg.

A Linda… ¡mi esposa devota de toda la vida!
Eres la persona más sabia, fuerte, tranquilizadora
y enriquecedora en mi mundo.
Eres mi compañera irremplazable en todas las cosas,
sin quien nunca habría experimentado la bendición de
la familia, y tanto gozo y bienestar del alma.

Hay muchas mujeres virtuosas y capaces en el mundo,
¡pero tú las superas a todas!
(Proverbios 31:29 NTV)

CONTENIDO

PRÓLOGO xi

INTRODUCCIÓN: ¡COMIENZA AQUÍ! xv

1   ACEPTA TU HISTORIA...............................1

2   VIVE CON FUERZA DE CORAZÓN....... 22

3   ELIGE TUS CÍRCULOS 45

4   CULTIVA RELACIONES FUERTES 72

5   APRENDE LOS RITMOS DE
       LA GRACIA.. 94

6   ELIGE LA PUREZA 117

7   VIVE GENEROSAMENTE....................... 138

8   ACEPTA TUS LÍMITES 157

9   PERSIGUE EL SÍ MÁS GRANDE 181

10   VIVE AGRADECIDO............................... 200

11   FINALIZA CON UNA BENDICIÓN 222

12   ¡DEJA DE PROCRASTINAR!................... 241

CONCLUSIÓN: ¿QUÉ SEMILLAS ESTÁS
       PLANTANDO? 256

NOTAS 265

SOBRE EL AUTOR.. 269

PRÓLOGO

Hace un par de años, después de un prolongado tiempo de ayuno y oración buscando la visión de Dios para mi próxima etapa en el liderazgo de la iglesia, un audaz objetivo del reino se volvió claro para mí: ¡discipular a mil hombres! Había estado pidiendo a Dios una nueva visión para el crecimiento de nuestra iglesia, pero aparentemente Él tenía una idea diferente—una que era mucho más personal e íntima. La visión que me dio no era para el liderazgo o los miembros de nuestra iglesia, sino para mí. Me dio una visión de impacto personal: me pidió que discipulara a mil hombres.

Al principio, quedé atónito. ¿Cómo se empieza un proyecto así? Después de todo, Jesús discipuló a doce hombres y le llevó tres años lograrlo. Sin embargo, pronto comencé a emocionarme por el impacto que tal objetivo podría tener. Los discípulos de Jesús adoptaron Su estrategia y revolucionaron el mundo.

¿Por qué el discipulado es un cambio radical? ¿Por dónde empezamos? ¿Qué tipo de persona empodera Dios para llevar a cabo esto? ¿Cómo nos transformamos en el proceso?

Afortunadamente, mi amigo Alan Ahlgrim responde a estas preguntas y más en las páginas de este libro. De hecho, ha escrito un manual que tú y yo podemos utilizar para construir relaciones espiritualmente sólidas a largo plazo—y capacitar a otros para hacer lo mismo. En otras palabras, al abrazar los principios que Alan nos presenta en su libro, podemos acceder al profundo proceso que Jesús utilizó para transformar las vidas de las personas que amaba.

Este proceso no es rápido. Jesús nos mostró que no hay un camino rápido para construir relaciones que den vida, capaces de cambiar no solo nuestras vidas, sino también las de otros. Sin embargo, hay un camino que podemos seguir, y Alan conoce el rumbo.

Mi vida es prueba de que los principios que Alan comparte en este libro realmente funcionan. Hemos disfrutado de una amistad de cincuenta años que comenzó cuando él era un joven plantador de iglesias y yo era un adolescente de quince años que venía de un hogar uniparental y asistía a un campamento juvenil. A lo largo de los años, Alan utilizó los principios que se encuentran en este libro para orientarme y animarme de maneras que cambiaron mi vida. Como dice el proverbio: "el hierro se afila con hierro", ¡nos hemos aguzado mutuamente durante cinco décadas! No puedo imaginar cómo sería mi vida sin la amistad catalizadora que hemos disfrutado.

En este libro, Alan comparte su secreto para que otros puedan crear el tipo de conexión alentadora, empoderadora y sostenible que él y yo hemos disfrutado a lo largo de los años. Si implementas lo que vas a leer aquí, ¡tú serás el próximo!

Alan escribe este libro desde un pozo único de sabiduría y experiencia. Ha aplicado estos principios como pastor de una iglesia plantada que se convirtió en una megachurch de rápido crecimiento. Hoy, está asesorando a cientos de pastores y miembros de la iglesia para que abracen estos principios en grupos de pacto—comunidades pequeñas y comprometidas en las que florecen conexiones profundas.

Mi esperanza es que, al leer este libro, te sientas inspirado para formar tu propio Grupo de Pacto y así transitar por estos capítulos. (Para aprender cómo, visita covenantconnections.life.) Como dice Alan, tu vida es tan rica como tus relaciones. Te animo a compartir este libro, a re-leerlo cada año y a ponerte en acción.

¡Quiero que todos mis aprendices lean este libro!

— T. Cam Huxford
Pastor Principal de
Compassion Christian Church,
Savannah, Georgia

INTRODUCCIÓN

¡COMIENZA AQUÍ!

"MEJOR SON DOS QUE UNO,
PORQUE OBTIENEN MÁS FRUTO DE SU ESFUERZO.
SI CAEN, EL UNO LEVANTA AL OTRO.
¡AY DEL QUE CAE Y NO TIENE QUIEN LO LEVANTE!"

— ECLESIASTÉS 4:9-10 NVI

Es posible que este libro no cambie tu vida. . . ¡pero podría! Algunas personas podrán leerlo de manera casual y obtener algún beneficio, mientras que otras se instalarán en él, lo asimilarán y nunca volverán a ser igual. Aquellos que han leído este libro antes de ti han encontrado que el contenido enriquecedor del alma en este libro es catalítico cuando se procesa de manera profunda en comunidad. Todo lo que leerás a continuación ha nacido de un recurso que puede aliviar el alma e impulsar a otros a nuevos niveles de paz, propósito y realización. Lo mismo podría ocurrir en tu vida. ¡Podrías descubrir abundancia para tu alma y la bendición de prosperar en muchas dimensiones!

En una era en la que muchos simplemente sobreviven, aquellos que aceptan una vida más profunda comenzarán a prosperar. Así que si anhelas ir más allá de una vida monótona a una vida con un gran llamado, de un aislamiento devastador a una comunidad vigorosa, esto es para tí. ¡Considera los ritmos de vida descritos y presentados en este libro como un regalo de Dios para ti!

Ya seas un líder establecido en una iglesia o un nuevo creyente, hay doce principios trascendentes que tienen el poder de enriquecer y transformar tu vida. Cuando aceptas estos principios, das espacio para que tu alma florezca, creando el tipo de crecimiento y transformación que anhelas.

El cuidado del alma no es egoísmo. Invertir en uno mismo es algo bueno. Invertir en ti mismo te empodera para invertir en los demás. Cuando tu alma está prosperando, estás en un lugar más saludable para conectarte contigo mismo, con los demás, y con Dios.

Es posible que hayas explorado muchos métodos de cuidado del alma en el pasado. Eso es bueno.

Pero hay algo más.

Y esa es la clave para. . . bueno, todo.

DESCIFRANDO EL CÓDIGO DEL CUIDADO TRANSFORMADOR DEL ALMA

He estado tratando de descifrar el código del cuidado transformador del alma durante décadas.

Claramente, la transformación no es un destino sino un viaje. Y ese viaje no puede emprenderse solo.

El elemento que falta en la transformación espiritual para muchos, incluso aquellos en el liderazgo cristiano, es vivir la vida con la gente correcta. Todos necesitamos rodearnos de un núcleo de personas sanas que estén buscando lo mejor de una manera activa, ¡tanto para ellos mismos como para nosotros! Ambos son vitales. Muchos dicen que quieren lo mejor, pero sus vidas no dan evidencia de estar buscando lo mejor, lo cual no sucede fácil ni automáticamente. Todos necesitamos aliados para poder alcanzar la fuerza del alma.

Vivir la vida con la gente correcta puede ayudarnos a lograr lo siguiente:

- Nos ayuda a cambiar de interacciones casuales a relaciones profundas.
- Nos ayuda a pasar de una mentalidad centrada en la cabeza y en la lógica, a una mentalidad centrada en el corazón.
- Nos ayuda a transformar el pensamiento de "solo otro estudio interesante" a tener momentos regulares de "¡ajá!"
- Nos ayuda a cambiar de interminables charlas sobre deportes o compras, a conversaciones sobre la vida del alma.

Cuidar tu alma en colaboración con otros es una práctica que ha sido establecida desde el principio mismo de la creación.

Dios dijo desde el principio: "No es bueno que el hombre esté solo" (ver Génesis 2:18).

Solía pensar que esta declaración de Génesis 2 se aplicaba sólo a los hombres que necesitan casarse. Claramente, eso es cierto para la mayoría de los hombres, y la mayoría de las mujeres también, pero eso no es todo. Cada uno de nosotros fue construido para estar en comunidad. Fuimos diseñados para conectarnos a través de nuestras cabezas y nuestros corazones. ¡Juntos es mejor!

Déjame hablarte de una serie de televisión con la que me topé llamada "Alone" (titulada "Solos"). Diez supervivientes determinados fueron puestos cada uno en diferentes partes del bosque de la isla de Vancouver, a finales de otoño y principios de invierno. El desafío consistía en ver quién duraría más tiempo solo. ¡El gran premio era de 500.000 dólares!

Los participantes eran expertos capacitados y experimentados en entornos silvestres. A cada uno se le permitió seleccionar diez objetos para sobrevivir. Cosas como cuchillos, lonas, hilo de pescar, ollas y hachas. Además, se les entregaron artículos de primera necesidad, como un botiquín médico, aerosol para osos, bengalas y teléfonos satelitales para rescate de emergencia. Un chico fuerte duró solo una noche porque los osos que merodeaban su carpa lo aterrorizaron. Otro estaba enfermo por beber agua contaminada. La mayoría duró varias semanas. Sólo dos duraron más de siete semanas. Ellos estaban demacrados, con frío y tan solitarios que estaban a punto de llorar.

Las lágrimas impulsadas por la soledad fue lo que más me sorprendió. Los participantes habían sido alentados a mostrar sus vidas privadas ante las cámaras, y ellos hicieron justamente eso . . . incluso hasta el punto de sentir un profundo dolor físico por estar separados de la familia y los amigos.

Estos chicos fuertes no sólo *se sentían* solos, realmente estaban solos. Cada uno estaba separado de los demás por millas, sin medios de comunicación, y eso casi los vuelve locos. Uno de ellos dijo: "No estoy bien de la cabeza"

La vida en soledad es una vida miserable.

En su libro *We Need to Hang Out* ("Necesitamos reunirnos"), Billy Baker comparte ideas de su investigación sobre la soledad.

Baker cita a los doctores Richard Schwartz y Jacqueline Olds, autores de *The Lonely American: Drifting Apart in the Twenty-first Century* ("El americano solitario: a la deriva en el siglo XXI"), quienes escribieron: "La psiquiatría ha trabajado duro para desestigmatizar cosas como la depresión y, en gran medida, ha tenido éxito. La gente se siente cómoda diciendo que está deprimida. Pero no se sienten cómodos diciendo que se sienten solos, porque entonces tú eres el chico sentado solo en la cafetería."

Billy Baker confiesa que, tras completar su investigación sobre la soledad, "tuve que admitir que no tenía amistades verdaderamente activas".

Lamentablemente, así es como se sienten muchos líderes. Si bien pueden tener relaciones profesionales o incluso pastorales con muchos, tienen relaciones personales con muy pocos. ¡Algunos no tienen relaciones profundas con nadie!

Cuando me preguntaron sobre la condición de los corazones de los líderes estos días, lo resumo así:

- Están corriendo asustados—constantemente persiguiendo el llamado a ser relevantes.
- Están agotados—viven con un cansancio del alma que una buena noche de sueño no curará.
- Están corriendo solos—sintiendo que en realidad nadie los conoce en su esencia.

¡Como líder, he experimentado las tres condiciones! Durante uno de los momentos de lucha en mi ministerio, estaba en el borde aterrador del agotamiento emocional. Cuando compartí el agotamiento del alma con mi esposa, Linda, ella me desafió fuertemente diciendo: "¡No puede ser la voluntad de Dios que hagas todo lo qué estás haciendo si te sientes como te sientes!" Mi esposa no tiene el don de la misericordia, ella tiene el don de la sabiduría. Eso fue un comentario catalítico. No todos los cambios se produjeron de la noche a la mañana, pero comenzaron esa noche. Sabía que necesitaba ayuda de alguien más que estuviera saludable.

¡Tu vida y la mía nunca serán más ricas que nuestras relaciones! No necesito pasar siete semanas solo, temblando en el frío húmedo sobreviviendo a base de algas y babosas, para convencerme de eso.

Estoy profundamente agradecido por las relaciones enriquecedoras que Dios me ha proporcionado.

¿Tienes un número creciente de relaciones que alimentan tu vida?

¿ESTÁS IMPROVISANDO LA VIDA SOBRE LA MARCHA? BIENVENIDO AL CLUB

A lo largo de las cinco décadas de mi ministerio he estado desesperado por la ayuda de Dios en varias ocasiones. Cuando estábamos comenzando una nueva iglesia en Carolina del Sur me sentí ansioso, inseguro y completamente solo. Con franqueza, no sabía realmente lo que estaba haciendo.

Luego, a medida que gradualmente comencé a compartir mi confusión con otros líderes, descubrí que mis luchas no eran exclusivamente mías. Otros estaban normalmente tan desorientados y abrumados como yo. ¡Hacer ese descubrimiento me dejó tan sorprendido como gratificado!

Todos tienen algo en común con Indiana Jones en la película clásica *Raiders of the Lost Ark* ("En busca del arca perdida"). Probablemente recuerdes la escena. Él y algunos de sus aliados estaban confusos y rodeados por el enemigo, y toda esperanza parecía perdida.

Cuando se le preguntó a Indiana Jones cómo iba él a atrapar los villanos que conducían rápidamente un camión por una carretera desértica, inmediatamente dijo: "No lo sé. ¡Estoy improvisando esto sobre la marcha!"

A decir verdad, todos estamos improvisando la vida día a día, semana a semana y escena a escena. Desafortunadamente, pensamos que somos los únicos que generalmente hacen eso. Sólo cuando somos honestos con los demás descubrimos que no estamos solos después de todo. La vida cristiana nunca es un asunto solitario. Todos necesitamos saber que compartir nuestros dolores de cabeza y angustias es seguro. De hecho, al hacerlo, descubrimos recursos y relaciones enriquecedoras que nunca soñamos que existieran para nosotros.

Mi gran y apremiante anhelo de toda la vida ha sido la conexión profunda con los demás. Eso fue lo que me llevó a acercarme y así conectarme con los demás en mis primeros días de ministerio, y es lo que todavía me motiva. Nuestro enemigo quiere aislarnos. Dios quiere que nos conectemos.

Me involucré liderando grupos pequeños cuando tenía treinta años. En las décadas siguientes he dirigido una amplia variedad de grupos, seminarios y talleres. He compartido este mensaje en el gran escenario y en lugares pequeños.

La mayoría de los líderes definen la influencia como algo "grande". Nuestra cultura admira ir a lo grande, ir rápido, pero inevitablemente eso significa ir a lo superficial. La verdad es que, si tuviera que elegir entre hablar con cinco mil personas en temas relacionales o pasar cinco días con cinco hombres hablando en profundidad, todos los que me conocen saben lo que elegiría. Solo podemos profundizar en grupos pequeños.

CÓMO APROVECHAR AL MÁXIMO ESTE LIBRO

Hay tres enfoques para navegar este libro. Vas a beneficiarte de los tres. Pero seré honesto contigo: el primer enfoque es bueno, el segundo es mejor que el primero, y el tercer enfoque, del que les voy a hablar, es mucho mejor que los otros dos.

Primer enfoque:
Recorre estos doce principios trascendentes por ti mismo. Encontrarás preguntas para reflexionar a lo largo de los capítulos. Te animo a que lleves un diario, y escribas tus respuestas a las preguntas y las ideas que puedas tener. Hay un diario que acompaña a este libro, con información y preguntas adicionales, que harán la lectura más enriquecedora. Puedes descargar una muestra del diario, o

comprar el diario completo en covenantconnec-tions.life/journal.

Segundo enfoque:

Recorre estos capítulos con un amigo, o varios.

Después de todo, ¡la comunidad actúa como un catalizador, y la franqueza acelera el conocimiento!

Se ha dicho que todo lo grande comienza con una conversación. Esto es lo que sé: algunas de las mejores conversaciones aún no se han iniciado. Algunas de las mejores amistades aún no se han formado. Es posible que algunas de las mejores experiencias estén simplemente listas para ocurrir en cualquier momento.

Te animo a lo siguiente: invita a alguien más a unirse contigo a leer este libro y embarquen juntos en una expedición que descubra una comunidad enriquecedora de conexión profunda. Piensa en ello como un grupo pequeño de cuidado del alma.

- Pídele a Dios que te impulse a pensar en otras personas a quienes invitarás a esta aventura.
- Sugiere un ritmo predecible, es decir, semanal, quincenal o mensual.
- Anima a todos a leer un capítulo y a reflexionar sobre algunas de las preguntas de ese capítulo, con antelación a cada reunión.
- Descarga una muestra del diario comple-mentario o compra el diario completo en covenantconnections.life/journal

- Toma notas mientras lees. Todos recordamos mejor lo que escribimos.
- Compartan unos con otros lo que están aprendiendo de Dios, ¡eso es teología aplicada!

Tercer enfoque:

Las comunidades con la transformación más profunda que he visto han sido en grupos de pacto. ¡Estos grupos intencionales aceleran el crecimiento espiritual como si fueran esteroides!

Los grupos de pacto están diseñados para brindar un entorno seguro y confidencial en el cual se procesa la vida, una comunidad sana en la que los miembros se comprometen a ayudarse unos a otros a servir y terminar bien.

Los grupos de pacto no son grupos de parejas ni una mezcla de ambos, hombres y mujeres. Rara vez los hombres profundizan en presencia de las mujeres. Me han dicho que lo mismo ocurre con las mujeres en presencia de hombres.

Llevo varias décadas liderando este tipo de grupos. ¿Por qué ellos hacen una gran diferencia? Los grupos de pacto crean una comunidad intencional y disciplinada. Ese es el ingrediente secreto. Los grupos de pacto están programados. Son la prioridad en el calendario de los participantes.

Todo el mundo necesita una pista por la que correr y un equipo con el cual correr.

Los grupos de pacto proporcionan ambos. Para obtener más información sobre este recorrido junto a otros en tu grupo de pacto, visita: covenantconnections.life.

Todos necesitamos saber que otro ser humano no sólo se preocupa por nosotros, sino que también nos entiende. Mejor aún, todos necesitamos un lugar seguro para compartir nuestras luchas honestamente. No solo para pasar por la vida y por el liderazgo, sino para crecer a través de la vida y el liderazgo. ¡Juntos!

Mi motivación más contundente es proporcionar una vía para una vida grupal que enriquezca el alma. Todos necesitamos gente que nos invite a vivir de una mejor manera. Mi rol principal ahora no sólo implica conectarme con líderes, sino ayudarles a que estén conectados.

La fuerza del alma es contagiosa, la captamos de aquellos que están en una comunidad profunda con nosotros. Lo que tienes en tus manos ahora mismo no es simplemente otro recurso para ojearlo casualmente y pronto dejarlo de lado. La intención es que este sea tu compañero en el recorrido de fortalecer el alma, un catalizador para relaciones más profundas que nunca antes has disfrutado.

Mi propósito al escribir este libro es que encuentre su camino, no sólo a tu estante de libros, ¡sino a tu vida! No necesitas otro libro; necesitas una experiencia revitalizadora y transformadora. Eso sólo sucederá a través de conversaciones enriquecedoras para el alma en una comunidad cercana. Todo el mundo necesita un oasis relacional.

Entonces, ¿a quién conoces que podría acompañarte en un recorrido para fortalecer el alma? Sólo necesitas algunos más, o tal vez solo uno. La clave será un deseo mutuo, no sólo de sobrevivir en la vida y en el liderazgo, ¡sino para prosperar!

La vida es complicada, pero no tiene por qué ser solitaria; de hecho, según el diseño de Dios no debería ser así. Todos necesitamos que otros nos enriquezcan y nos iluminen.

He desarrollado un modelo simple de conversación que ayuda a las personas a acercarse. Encontrarás este modelo 4D (Deleite, Desánimo, Descubrimiento y Determinación) incluido al final de cada capítulo.

¡Estas cuatro preguntas valen oro! Son poderosas para nosotros, para nuestras familias, y para todos los grupos que lideramos y facilitamos. Son útiles durante el almuerzo, en pequeños grupos, entre líderes de las empresas, incluso en el campo misionero. Veinte pastores sirviendo en los barrios marginales de Nairobi las utilizan ahora para construir relaciones saludables con las personas que lideran.

He estado usando estas preguntas como mentor de un grupo de empresarios a los que estoy entrenando en teología aplicada. En la preparación para que el grupo analice personalmente sus 4D cada semana, los animo a que escriban en un diario sus ideas. Uno de los hombres, Jamison, es copropietario de una pequeña empresa de tecnología.

Jamison dice: "Como mi cerebro va más rápido que mis dedos, siempre he odiado escribir las cosas lentamente. Ahora estoy descubriendo que, a través de escribir en mi diario usando lápiz y papel, estoy más tranquilo que nunca".

Junto con el resto de nosotros, él está descubriendo que hacer una pausa para reflexionar en el papel es muy productivo. Dios habla más claramente cuando nos callamos para el bien de nuestra alma. Pero alguien tiene que tomar la iniciativa, tanto para presentarlas como para responderlas.

En nuestro modelo de grupo de pacto para el cuidado del alma, estas preguntas son vitales. Son parte del ritmo de cada reunión y conversación que tenemos, y aún no se han vuelto obsoletas. Todo lo contrario. Este modelo es un catalizador para tener una reflexión y una conversación más profundas. Las 4D son enriquecedoras para nosotros y para todos con los que hemos tenido el privilegio de compartirlas.

Ahora, abrochémonos el cinturón y comencemos… ¡juntos!

Paz y gracia,

— *Dr. Alan Ahlgrim*
Fundador y CSO (Director de Soul Care)
Covenantconnections.life

1

ACEPTA TU HISTORIA

"CONCEDE, SEÑOR, QUE ME CONOZCA A MÍ MISMO
PARA QUE PUEDA CONOCERTE"

— SAN AGUSTÍN

Después de compartir su desgarradora historia, Doug añadió: "Tengo cincuenta y cuatro años y nunca sentí que perteneciera a una comunidad hasta ahora."

Cuanto más compartían Doug y otros en profundidad, más se sintieron conectados entre sí. Siete extraños se convirtieron en un grupo de hermanos en ese retiro.

Las historias que escucho y que tienen más significado son las que han sido completamente procesadas y aceptadas. Ellas son las que brotan del corazón y no sólo de la cabeza. Estoy aprendiendo que las historias que son más personales son de hecho las más universales.

Oswald Chambers dice: "Si no eres diligente y dices: 'No voy a estudiar y luchar para expresar esta verdad en mis propias palabras; solo tomaré prestadas las palabras de otra persona', entonces las palabras no tendrán ningún valor para ti ni para los demás...tu posición no es realmente tuya hasta que la haces tuya a través del sufrimiento y el estudio."[1]

Se ha dicho que nada es más peligroso que "traficar una verdad que no se siente"[2]. Lo sé. Al principio de mi ministerio, sintiéndome estresado, tomé prestado un título de sermón y algo más sin dar ningún crédito en absoluto. Después del servicio, el miembro más viejo de nuestra pequeña iglesia me saludó en la puerta y me dijo: "Siempre he apreciado los mensajes de Peter Marshall".

¡Ay!

Si bien nadie tiene el monopolio de la verdad, y todos debemos apoyarnos en los demás y aprender unos de otros, las historias que contamos que realmente poseemos, porque son nuestras, siempre tendrán el mayor impacto.

En otras palabras, cuando has luchado personalmente con cosas difíciles, no tengas miedo de aceptarlas y compartirlas con otros.

No queremos otra charla entretenida. Todos están cansados de escuchar palabra tras palabra. Todos estamos inundados de información. Grandes libros, blogs, y podcasts abundan. Somos glotones cuando se trata de contenido, pero estamos hambrientos de verdades sinceras y conversaciones profundas.

¡A estas alturas todos deberíamos saber que las redes sociales no producen transformación! Más bien, todos estamos en una necesidad desesperada de saber que no estamos solos en el viaje de la vida. Y todos tenemos una verdadera historia que contar.

LAS LUCHAS SON NUESTRO CAMPO DE ENTRENAMIENTO

Uno de mis amigos pastores más cercanos está luchando en este momento por encontrar la fuerza para liderar bien. Es un tipo duro, pero su alma se está agotando. Como muchos, admite con sinceridad que ha estado atravesando la actual crisis del COVID-19 sin crecimiento personal alguno.

Él no está solo.

Más pastores que nunca se preguntan no sólo cómo se les ocurrirá escribir un sermón excelente, sino donde encontrarán la fuerza para proclamarlo. Están plagados de ansiedad y a veces literalmente incapaces de recuperar el aliento delante de una congregación. ¡Yo personalmente sé lo difícil que es hablar cuando apenas puedes respirar!

Hace años, una oficial de policía de Boulder, Beth Haynes, fue asesinada en el cumplimiento del deber. Cuando me pidieron que dirigiera el servicio conmemorativo me sentí muy honrado y al mismo tiempo muy ansioso. El día del servicio miles de policías uniformados llenaron literalmente nuestra iglesia hasta desbordarse, llenando el salón e incluso escuchando por altavoces en el estacionamiento.

Cuando comenzaba el servicio, me senté en la primera fila extremadamente nervioso, y extremadamente intimidado. Cuando finalmente caminé hacia el estrado, algo inesperado sucedió.

Mi abrumadora autoconciencia fue reemplazada instantáneamente con una calma abrumadora. Sabía que estaba en una misión y tenía la obligación de hablar. Las palabras que había preparado cuidadosamente ya no eran simplemente mías, sino palabras empoderadas desde lo alto. Había una voz mucho más profunda y fuerte en acción. Yo lo sabía, así como todos los presentes. Me dijeron que muchos oficiales pusieron su fé en Jesús ese día, y que los que estaban en esa sala nunca han olvidado el impacto de ese momento.

No es necesario estar en el ministerio para experimentar luchas con el miedo, la ansiedad, y la incertidumbre. Estas son emociones universales independientemente de tu profesión o llamado.

La buena noticia es que el miedo, la ansiedad y la incertidumbre no nos descalifican del liderazgo; más bien, en muchos sentidos son realidades que nos califican para el liderazgo. En otras palabras, nos califican una vez que nos damos cuenta que hay algo más importante que cualquier otra cosa que tememos: nuestra reverencia por el alto llamado de Dios. Como el apóstol Pablo dijo: "Cuando soy débil, entonces soy fuerte".

Si Dios quiere que tengas más influencia, probablemente Él mismo te permitirá afrontar retos más grandes. Una vez compartí un mensaje en el que hablé de una serie de situaciones críticas que afronté durante cinco meses al principio de mi ministerio. Parecía que todo estaba estallando en la iglesia a la vez: la muerte de un bebé, el abuso sexual de un adolescente por un amigo de confianza de la familia y líder de la iglesia, el asesinato de un voluntario clave, y el descubrimiento de inmoralidad en lo más profundo del núcleo de nuestro liderazgo.

Años más tarde en otra iglesia, después de hacer referencia breve de esta letanía de tragedias de hace mucho tiempo, un líder empresarial inmediatamente vino a mí. Mike me dijo: "A menos que un líder haya sido puesto a prueba, no puedo realmente confiar en él. Ahora sé que puedo confiar en ti"

Todo por lo que pasamos debe hacernos crecer. Lo que nos sucede no es sólo para el ahora sino para el después. No es sólo para nosotros sino para los demás. ¿Alguna vez has estado avergonzado por un fracaso? O peor aún, ¿has estado avergonzado de ti mismo? Después de que el apóstol Pedro negó al Señor tres veces, Pedro sin duda se llenó de vergüenza, preguntándose cómo podría ser de algún valor para el Señor otra vez. Sin embargo, detrás de la historia desgarradora de fracaso, Dios usó a Pedro mucho más allá de cualquier cosa que haya sucedido en el pasado. Él tenía que experimentar el quebranto antes de convertirse en una bendición mayor.

Lo mismo fue verdad para Saulo de Tarso, quien se convirtió en Pablo el apóstol. Después de su asombrosa convicción y conversión, fue elegido para la tarea especial de compartir el evangelio con el Gentiles. Fue entonces que el Señor dijo: "Y le mostraré lo mucho que tendrá que sufrir por causa de mi nombre" (Hechos 9:16).

Ser de gran servicio suele ser precedido por un gran sufrimiento. Puedo identificarme con eso, y probablemente tú también puedas. Ninguno de nosotros jamás estará libre de estrés, de perfección o de dolor. Las situaciones difíciles le ocurren a todo el mundo. Tiempos de prueba les llegan a todos.

Muchas personas están siendo sometidas a pruebas a un nivel completamente nuevo debido a la pandemia, y las pruebas no carecen de valor. Santiago dijo, "Hermanos míos, considérense muy dichosos cuando tengan que enfrentarse con diversas pruebas, pues ya saben que la prueba de su fe produce perseverancia. Y la perseverancia debe llevar a feliz término la obra, para que sean perfectos e íntegros sin que les falte nada." (Santiago 1:2–4 NVI).

Los líderes que han sido probados son los únicos verdaderamente calificados para liderar. Cuando nuestra iglesia enfrentó una grave crisis financiera, algunos se preguntaron si nuestro ministerio sobreviviría. Aunque estábamos sólidamente en la categoría de mega iglesia en ese momento, estábamos sumergidos en una dificultad mega millonaria. Acabábamos de inaugurar nuestra extensión del campus por 20 millones de dólares. Al mismo tiempo, estábamos inmersos en la batalla del uso de un terreno multimillonario con el condado de Boulder, que llegó hasta la Corte Suprema de Estados Unidos.

Todo esto ocurrió en el año 2008, justo cuando la economía se hundía. Nos vimos obligados a despedir inmediatamente al 40 por ciento de nuestro personal, y luego otro 25 por ciento al año siguiente.

La iglesia estaba tambaleándose, y yo también. Fue entonces cuando me cautive por las palabras de 2 Pedro 1:3 (NVI) y las grabé con valentía en la pared de mi oficina: "Su divino poder nos ha dado todo lo que necesitamos para la vida y la devoción".

Yo miraba ese versículo varias veces al día y a menudo me aferraba al mismo durante todo el día. De hecho, frecuentemente afirmaba las implicaciones de tal en voz alta a mi asistente... ¡y especialmente a mí mismo!

- "Tenemos todo el dinero hoy, para hacer todo lo que Dios quiere que hagamos... ¡Hoy!"
- "Tenemos todos los recursos hoy, para hacer todo lo que Dios quiere que hagamos... ¡Hoy!"
- "Tenemos todo el tiempo hoy, para hacer todo lo que Dios quiere que hagamos... ¡Hoy!"

Dallas Willard dijo: "En mi experiencia, la palabra esclarecedora que Dios me da, a menudo la hablo yo". A veces nos escuchamos decir cosas sorprendentes. Eso pasa a menudo en entornos seguros cuando nos sentimos aceptados. En los grupos de pacto no es raro que alguien admita: "Nunca le he dicho a nadie esto antes."

¡La Palabra de Dios para nosotros es a menudo la Palabra de Dios hablada a través de nosotros mismos! Estas no son simplemente palabras alentadoras que podemos aprovechar; más bien, ellas son la palabra de Dios que nos atrapa. Cada vez que veo la promesa de Dios grabada en mi pared, parece que se saliera de la pared y se adentrara en mi realidad. No solo recordé que estaba en la Biblia; lo experimenté en mi corazón.

Hay una diferencia entre la palabra griega *gnosis*, que significa "conocimiento", y *epignosis*, que significa "conocimiento experiencial". Uno se refiere a comprender intelectualmente la verdad. El otro, a conocimiento pleno, discernimiento y reconocimiento de la realidad esencial en el corazón. Es un grado más alto de intensidad, una energía profunda de comprensión. Es saber que sabes algo desde el centro de tu ser.

¿Qué sabes desde el centro de tu ser? Parece que las cosas que conocemos en el nivel más profundo, aquellas cosas que penetran nuestros corazones, son cosas que no hemos observado casualmente sino que hemos aprendido en la olla profunda del dolor de la vida. Estas verdades, aprendidas a través de intenso sufrimiento y dificultad, nos han moldeado y, cuando lo compartimos, la mayoría ayuda a moldear los corazones de otros.

Como ha observado Oswald Chambers en su libro *My Utmost for His Highest* ("En Pos de lo Supremo"), "Si vas a ser usado por Dios, él te llevará a través de una serie de experiencias que no son dirigidas para ti personalmente en absoluto. Están diseñadas para hacerte útil en sus manos, y para permitirte comprender lo que sucede en las vidas de otros. …El camino de Dios es siempre el camino del sufrimiento: el camino del largo camino a casa"

EL DOLOR NOS DA UNA PLATAFORMA

Aquellos que están luchando en este momento necesitan seguir el más alto llamado que a menudo se encuentra dentro y después del sufrimiento. Como dijo Oswald Chambers: "Luego viene la sorpresa: '¡Él estuvo ahí todo el tiempo y nunca lo supe!' Nunca vivas para los momentos inusuales, esos son sorpresas."[3]

Recientemente me reuní con uno de los oficiales que fue llamado al lugar de un tiroteo masivo, donde murieron diez personas en una tienda de comida en Boulder, Colorado. Brad fue uno de los primeros en llegar al lugar mientras ocurrían disparos y caían pedazos de vidrios rotos. En medio de lo feo, él ayudó a arrastrar al oficial caído fuera del tiroteo.

Brad fue uno de los héroes en primera línea ese día. De hecho, fue él quien detuvo al francotirador y lo acompañó en la ambulancia al hospital. Es un momento que nunca olvidará y revivirá para siempre.

Mi ánimo y desafío para Brad fue aprovechar lo que ha aprendido para el bien de otros oficiales en el futuro. Esa es la máxima credencial de nobleza, soportar lo peor y aún así continuar en el servicio.

Dios no desperdicia nuestro dolor cuando estamos dispuestos a hacer algo con él, aprender de él y luego seguir adelante para ayudar a otros en situaciones similares. Como hemos oído decir: "Si no estamos muertos, no hemos terminado. Mientras tengamos pulso, tenemos un propósito". Aquellos de nosotros que hemos soportado cualquier cosa, desde ataques personales hasta ataques de pánico, desde batallas físicas hasta batallas legales, desde dolores emocionales del corazón hasta ataques cardíacos, sabemos que nuestras historias pueden ayudar a beneficiar a otros. Como dijo Pablo, Él "nos consuela en todos nuestros problemas para que podamos consolar a los demás" (2 Corintios 1:4 NVI).

NUESTRAS HISTORIAS DE DOLOR Y LUCHA NOS CONECTAN

Ciertamente, nuestras historias de lucha nos conectan. Cuando simplemente compartimos nuestros éxitos, corremos el peligro de convertirnos en competidores. Cuando compartimos nuestras luchas, nos convertimos en verdaderos amigos.

Nuestras historias vulnerables nos conectan a nivel del corazón. A menos de que, y hasta que abramos nuestros corazones a los demás en una comunidad segura, no podremos encontrar la verdadera sanación de Dios.

Es en una comunidad segura donde descubrimos que estamos conectados por nuestro corazón. No somos los únicos que nos sentimos confundidos, enojados, inadecuados o asustados. Debemos aprender a articular nuestro dolor de manera que también podamos articular nuestro aprendizaje. Esto, a su vez, ayuda a traer sanación tanto para nosotros como para los demás.

En su libro *The Wounded Healer* ("El sanador herido"), Henri Nouwen dice que la palabra clave es *articulación.*

Esta articulación, es mi creer, es la base para el liderazgo espiritual del futuro, porque sólo quien es capaz de articular su propia experiencia, puede ofrecerse a los demás como fuente de aclaración. El líder cristiano es, por lo tanto, un hombre que esté dispuesto a poner su propia fe articulada a disposición de quienes le piden su ayuda. En este sentido es un siervo de siervos, porque es el primero en entrar en la tierra prometida pero peligrosa, el primero en contar a aquellos que temen lo que él ha visto, oído y tocado. . . la gran ilusión del liderazgo es pensar que un hombre puede ser sacado del desierto por alguien que nunca ha estado allí.[4]

En el mejor de los casos, ¡todos somos "sanadores heridos"!

No subestimes el poder de tu historia personal. Cada uno de nosotros tiene una historia que resalta la asombrosa gracia de Dios. Tu historia no tiene por qué ser dramática, pero debe ser cierta. He escuchado historias de líderes que moldean el alma y abarcan el ámbito emocional. Todo, desde largos incendios domésticos hasta accidentes de helicópteros, desde inmoralidad personal hasta ir a prisión, desde la adicción a la pornografía hasta asuntos devastadores.

Lo que todas estas historias tienen en común es que el dolor que alteró la vida no fue fatal ni definitivo. Aquellos que las han compartido humildemente se están recuperando ahora cada uno a niveles mayores de efectividad. Mientras lamentan profundamente sus tropiezos y fracasos, se regocijan en cómo Dios ha aprovechado sus aprendizajes tanto para ellos mismos como para los demás. Ellos han hecho el trabajo duro de trabajar en su corazón y, por lo tanto, están equipados para servir como médicos del alma. Como dijo un líder: "Me arrepiento de las cosas que hice por lo que fueron, pero no por lo que hicieron en mí".

El Dr. Matthew LaGrange definitivamente está en esa categoría. Cuando nos conectamos de manera significativa por primera vez, pensé que simplemente tenía curiosidad acerca del concepto de grupos de pacto. Él me sorprendió cuando dijo: "No, ya entiendo lo que son, ¡quiero saber cómo puedo entrar en uno!"

Como psicólogo, Matthew dirige un ministerio floreciente de más de dos docenas de consejeros llamado "His Story Coaching and Counseling" (Entrenamiento y consejería "Su historia"). A menudo comparte su propia historia personal de lucha cuando habla con otros líderes, pero rara vez en la profundidad con la que lo hizo en mi grupo de pacto al que se unió. Cuanto más él compartía, más se unía el grupo.

Nuestras historias no sólo nos conectan, sino que incluso pueden catapultarnos a mayor impacto e influencia para Cristo. No es porque hemos podido hacer todo a la perfección o incluso con certeza. Sólo cuando nos damos cuenta de que no siempre hemos hecho lo mejor que hemos sabido hacer, y reconocemos humildemente nuestros fracasos y defectos, es que fluye la gracia y la misericordia de Dios.

Como sabiamente nos recuerda el rey Salomón: "Quien encubre su pecado jamás prospera; quien lo confiesa y lo deja, alcanza la misericordia." (Proverbios 28:13 NVI).

No te equivoques: ¡cuando lo aceptas, tu dolor puede volverse tu plataforma! Lo mismo que te atormenta o te inhibe, o te hace sentir menos que los demás, puede ser en realidad un regalo para permitir conexiones más profundas con los demás.

¿PERO SOMOS "SUFICIENTEMENTE BUENOS"?

Cuando era más joven, a menudo luchaba con la pregunta de si era lo suficientemente bueno. Como un niño delgado e inseguro que crecía en Chicago, nunca sentí que estuviera a la altura. Yo nunca fui lo suficientemente bueno como para formar parte del equipo de la escuela secundaria, impresionar a todos las chicas lindas, o tener calificaciones sobresalientes. Lamentablemente, incluso ahora que soy mucho mayor, a veces todavía lucho con esto. Quizás puedas identificarte.

Lo que es peor, nunca sentí que estuviera a la altura de los ojos de Dios. Cuando me bauticé a la edad de ocho años quería perdón por no ser lo suficientemente bueno, y para evitar la pena del infierno. Mucha gente hoy en día no parece tener esa preocupación. De muchas maneras vivimos en una cultura saturada de gracia. En esta era pocas personas, jóvenes o mayores, parecen luchar mucho con el asunto de la salvación. Quizás simplemente se da por sentado que todos merecen un trofeo de vida eterna sólo por aparecer a las puertas de la muerte.

Ahora parece que la cuestión de lo "suficientemente bueno" tiene un nuevo giro. Así es como Anthony Bradley, profesor del King's College, lo dice al describir la actitud de nuestro tiempo entre los jóvenes cristianos:

No se trata necesariamente de decir: "¿Soy lo suficientemente bueno para escapar del castigo eterno?" Es más bien, "¿Soy lo suficientemente bueno para cumplir la misión que me han enseñado de ser un buen cristiano o un gran cristiano?" De tal manera, "¿Soy un buen cristiano si no soy senador, un juez, o salvando huérfanos de la esclavitud sexual en la India? Si no estoy haciendo algo extraordinario por Dios, entonces no soy suficientemente bueno. Entonces mi vida tiene que valer la pena en Snapchat o Instagram para que sea impresionante y suficiente para el Señor."[5]

Pocos parecen estar contentos con su nivel de influencia. Eso no sólo es cierto para los jóvenes estudiantes universitarios sino también para los líderes experimentados. Ninguno de los muchos pastores que conozco piensa que su iglesia es lo suficientemente grande, su plataforma de redes sociales es lo suficientemente popular, o su influencia lo suficientemente amplia. Vivimos en un mundo de comparación constante, y a menudo sentimos que simplemente no estamos a la altura.

Se trata de un problema debilitante y mundial. Yo estaba intrigado por un artículo en la revista *World* sobre el tema de los "encerrados" japoneses. No se trataba de personas mayores en sus últimos años confinados a la casa. Se trataba de jóvenes que no lograron triunfar en la cultura empresarial japonesa altamente competitiva.

Estos jóvenes se han convertido en ermitaños. Ellos se están escondiendo en casa avergonzados, sin trabajo, sin amigos y sin esperanzas para su futuro.

Lamentablemente, sus padres también se sienten avergonzados porque no logran sobresalir y tratan de mantenerlo en secreto del mundo. Los misioneros cristianos ahora buscan llegar a estos jóvenes olvidados con el evangelio: el mensaje de aceptación que no se basa en el desempeño.[6]

Claramente, no es nuestro desempeño para Cristo lo que en última instancia importa sino nuestra posición en Cristo. Aquellos de nosotros con una inclinación hacia la auto condenación, debemos recordar a diario que no hay ninguna condenación para los que están en Cristo. Y como leemos en 1 Juan 3:20 (NVI), "aunque nuestro corazón nos condene, Dios es más grande que nuestro corazón y lo sabe todo."

Durante años entendí mal esto. ¡Asumí que como Él lo sabe todo, todos y cada uno de mis defectos, estoy realmente en problemas! Ahora veo que el versículo 20 está precedido por el versículo 19, que dice: "ponemos nuestros corazones tranquilos en su presencia" (1 Juan 3:19–20 NVI). Afrontémoslo, sólo hay descanso para nosotros en la aceptación misericordiosa de Dios de todos nuestros fracasos diarios.

Necesitamos escuchar este mensaje porque todos tenemos nuestras limitaciones. Nadie va a estar siempre en primer lugar en cada categoría. Es por eso que todos necesitamos escuchar, reflexionar y aplicar el evangelio diariamente. Nuestra posición ante Dios no es una cuestión de currículum vitae, sino de una relación personal.

NO DESPRECIES LAS COSAS PEQUEÑAS

Si pienso que soy importante para Dios sólo si estoy haciendo o dirigiendo algo realmente grande, ¡estoy en un gran problema!

Hoy ya no dirijo un ministerio impresionante y en crecimiento que llega a miles. Ahora trabajo detrás de escena como una especie de pastor encubierto. Eso significa que ya no estoy en el papel principal. Ahora tengo un rol de apoyo. Estoy aprendiendo a aceptar el anonimato y encontrar mi realización en las relaciones personales, no en liderazgo organizacional.

Un ex-pastor de una mega iglesia ahora está redefiniendo el éxito. Greg pensó que a los cincuenta y cinco años estaría en una situación muy diferente, con mucha más visibilidad e influencia. El no solo lo asumió, lo deseó.

Su vida ha tomado un rumbo diferente. Ahora se encuentra sirviendo en un entorno mucho más pequeño. Irónicamente, se siente sorprendentemente más lleno. Está descubriendo el gozo de discipular como lo hizo Jesús.

Jesús dirigió un pequeño grupo. Sorprendentemente, nunca sirvió como líder pastor de una mega iglesia. Jesús eligió profundizar con menos.

Aquí está el modelo de transformación:

- Hazlo pequeño.
- Hazlo lento.
- Hazlo fuerte.

Esto no es un golpe contra las mega iglesias o aquellos que las dirigen. Una vez dirigí una y es posible que tú pertenezcas a una. La cuestión es que, si Jesús hubiera comenzado su misión redentora ahora, en el siglo XXI en lugar del primer siglo, ¿cómo lo hubiera hecho?

¿Se encargaría de llenar los doce lugares más grandes del mundo? ¿O podría optar por llenar a doce seguidores con el evangelio? ¿Doce que luego harían lo mismo con los demás? Sabemos la respuesta.

No hace mucho, otro pastor quedó cautivado por la claridad de "hazlo pequeño, hazlo despacio y hazlo fuerte", ¡eso cambió todo! La simplicidad de este patrón lo motivó a él y a todo su equipo de liderazgo para reconsiderar cómo cada uno podría dirigir y servir en su iglesia grande.

Piensa en cuándo y dónde has tenido las experiencias más conmovedoras. Casi sin excepción, las experiencias de mayor formación probablemente ocurrieron en los entornos más pequeños. Nuestras familias, nuestros amigos, nuestros círculos de personas de confianza nos han moldeado al máximo a todos. Ahí es donde nos sentimos amados, no por lo que hacemos sino por lo que somos.

Todos son valiosos para Dios independientemente de su desempeño y estatus, incluso pastores,
¡incluso tú! El evangelio nos obliga a esforzarnos,
servir, e incluso tener éxito, no para impresionar a
Dios y a los demás, sino porque somos amados por
Dios y ya hemos sido declarados de inmenso valor
para Él.

Esta es la buena noticia: nuestro valor no se basa
en nuestro logro sino en Su aceptación. Jesús lo dejó
claro cuando dijo: "ustedes valen más que muchos
gorriones." (Mateo 10:31 NIV). Dado que Dios
toma nota de pequeños gorriones y los valora, ¡hay
esperanza para todos nosotros!

Repita esto en voz alta: "Dios toma nota, incluso
de mí, y me valora, incluso a mí!"

Ahora lo acepto sólo por la muerte expiatoria de
Cristo, y la declaración de Dios de que soy su hijo
amado y tendré confianza en que finalmente soy
lo suficientemente bueno. En resumen, sin gracia
no hay paz. Esa es la historia de Dios y ahora es mi
historia, ¡y estoy jugando mi vida y mi eternidad
en ella!

PREGUNTAS PARA REFLEXIONAR

¿Alguna vez has luchado por sentirte "lo suficientemente bueno como para pertenecer"? ¿Qué pasó?

¿Cuándo te has sentido más inadecuado?

¿Ha cambiado alguna vez tu definición de éxito? Describe lo que pasó.

EL MODELO CONVERSACIONAL 4 D

Las 4D significan Deleite, Desánimo, Descubrimiento y Determinación. Reflexiona periódicamente y luego comparte ejemplos de cada uno. Será bueno para tu alma y profundizará tu conexión con otros.

Deleite: ¿Qué te ha estado provocando alegría y te ha animado recientemente?

Desánimo: ¿Qué ha sido recientemente perturbador, agotador o desalentador para ti?

Descubrimiento: ¿Qué ha sido especialmente esclarecedor o alentador para ti, de la Palabra de Dios y de este capítulo?

Determinación: ¿Qué te está impulsando Dios a seguir o a hacer, como resultado de procesar ideas de la Palabra de Dios y de este capítulo?

2

VIVE CON FUERZA DE CORAZÓN

"LAS MEJORES Y MÁS HERMOSAS COSAS DEL MUNDO NO SE PUEDEN VER NI TOCAR, DEBEN SENTIRSE CON EL CORAZÓN."

— HELEN KELLER

¿Quien te conoce lo suficientemente bien como para saber la verdadera condición de tu corazón y alma? No estamos hablando de las cosas que más te importan, sino sobre tu mundo interior: la esencia de quien eres. El corazón y el alma están frecuentemente vinculados en las Escrituras. En el libro *Unhindered: Aligning the Story of Your Heart* ("Sin obstáculos: Alineando la historia de tu corazón"), por mis amigos Dr. Charity Byers y Dr. John Walker, nos recuerdan lo siguiente: "Podemos aprender mucho sobre el corazón en las Escrituras. La palabra *corazón* se usa 570 veces en la Biblia NVI, y se usa con mayor frecuencia metafóricamente para describir el yo interior, tal como lo estamos definiendo, el lugar donde se encuentran los sentimientos, el pensamiento, los anhelos y la fuerza de voluntad. Los escritores bíblicos a menudo se refieren al corazón como el lugar de nuestra personalidad, nuestro verdadero yo."[7]

Yo solía pensar que el lenguaje del corazón se trataba de cosas más débiles; ahora sé que se trata de cosas más fuertes. Realmente se trata de deseos dominantes de tu vida. No se trata de sentimentalismo sino de energía y vitalidad.

A través de sus investigaciones y libros, Brené Brown me ayudó a entender que el lenguaje del corazón está fuertemente conectado con la valentía. Ella llama la atención sobre el hecho de que, en esencia, la valentía se trata realmente de decir todo lo que está en la mente al compartir todo lo que está en el corazón. Obviamente, ese tipo de conversaciones son arriesgadas e infrecuentes.

La salud del corazón no es accidental; es intencional. El Rey David escribió en el Salmo 138:3 (NVI, edición de 1984), "Cuando te llamé, me respondiste; me infundiste ánimo y renovaste mis fuerzas". Fundamentalmente, es Dios quien es la fuente esencial de la salud de nuestro corazón y fortaleza. Pero ¿cómo Dios aumenta realmente la salud y la fortaleza de nuestro corazón? Lo hace a través de las únicas dos cosas que son eternas: ¡Su Palabra y Su pueblo!

Nadie puede jamás tener un corazón sano por sí solo. Todos necesitamos a otras personas para afilarnos, animarnos, proporcionarnos recursos y conectarnos. A veces incluso necesitamos que otros nos desafíen a que escuchemos nuestro corazón, para poder liderar desde nuestro corazón.

"¡ESCUCHA A TU CORAZÓN!"

Así como muchas personas se resisten a programar un examen físico anual, la mayoría de las personas también son reacias a someterse a cualquier cosa relacionada a un examen espiritual. Si el proceso de evaluación es el desayuno de campeones, prefieren no desayunar cuando se apresuran a empezar el día. Tal vez sea porque no quieren recibir una evaluación honesta, o tal vez sea porque no saben a quién preguntar.

Al finalizar una presentación en una conferencia nacional, le pedí a un académico residente su opinión sobre mis mensajes. Le pregunté, "Si Dios quisiera enviarme un mensaje a través de ti, ¿Qué podría ser?" Me quedé atónito por su visión sincera: "Sí, tengo algo que quiero compartir contigo…en la Biblia, el corazón y la mente están frecuentemente vinculados, pero el corazón casi siempre es primero. Tienes un corazón bueno y robusto. ¡Escucha a tu corazón!"

¿Quién habla así? Bueno, si él hubiera sido una especie de Gurú de la Nueva Era que encontré en la calle en Boulder, Colorado, lo habría descartado fácilmente. Pero él no estaba arraigado en lo oculto; más bien, ¡estaba inmerso en el estudio de las Escrituras en el idioma griego original! Además, acababa de escucharme predicar, enseñar, y conversar durante varias horas. Él tenía las credenciales para llamar mi atención, y en ese momento, supe lo que significaba su mensaje. Yo estaba lidiando con algunos desafíos serios en ese momento de los que él no sabía nada, sin embargo, su observación me dio la valentía para vivir con rectitud y mantener el rumbo con respecto a esos desafíos, pese a cualquier circunstancia.

COMPARTE MÁS DE TU CORAZÓN

Cuando te enfrentas a desafíos gigantes, ¿tiendes a vivir y liderar más con la cabeza o con el corazón? En una reciente llamada de entrenamiento, un buen amigo habló sobre sus desánimos actuales en cuanto a su relación con los ancianos y el personal de su equipo de liderazgo. Cuanto más me compartía, más me preocupaba por él. Curiosamente, al final de la llamada, yo estaba más agitado que él, ¡y eso que estábamos hablando sobre sus problemas, no los míos!

Fue entonces cuando le pregunté: "¿Eres un líder que prefiere dirigir con la cabeza o prefiere dirigir con el corazón? Hizo una pausa y admitió que, ante las tendencias preocupantes y los problemas de liderazgo, tendía a tomar un enfoque más intelectual. Es decir, rara vez le quitaban el sueño cosas como éstas porque simplemente él no dejaba que lo molestaran mucho. Bueno, ¡eso me llevó a querer ser yo mismo quien lo "molestara"! Lo desafié a compartir más de su corazón con aquellos en su círculo de liderazgo.

¿Las personas más cercanas a ti conocen tu corazón? ¿Ellos saben cuando te sientes frustrado o herido, abrumado o sin apoyo? ¿Saben cuándo sientes una compulsión interna o una convicción, una pasión inquebrantable o un sentido de determinación divina?

Las personas más cercanas a nosotros no deberían tener que adivinar nuestros sentimientos, especialmente frente a desafíos enormes. Compartir sinceramente nuestros sentimientos no significa estallar en ira, sino que a veces requiere compartir abiertamente nuestras preocupaciones y sinceras convicciones con pasión.

Esto no es una excusa para la falta de discreción; se trata de la necesidad de mantener una congruencia transparente. Siempre debería haber un vínculo entre nuestra cabeza y nuestro corazón. Estamos llamados a tener tanto la mente de Cristo como un corazón valiente. A veces el silencio no es oro, sino impío! Todo líder piadoso sabe que algunas situaciones requieren audacia.

¿ERES FUERTE DE CORAZÓN O DE MENTE?

Cuando recientemente reflexioné sobre la historia de David y Goliat, me di cuenta de que David tenía audacia mientras que Goliat tenía valentía.

Nadie estaba dispuesto a enfrentarse en una batalla, al enemigo del Dios viviente de nueve pies y nueve pulgadas, ni siquiera el rey Saúl, y Saúl era el hombre más grande en Israel tanto en rango como en estatura. No fue sino hasta que el joven David apareció que alguien estuvo dispuesto y fue capaz de hablar con la pasión y confianza necesarias para convencer al rey de que le permitiera representar a toda la nación en un combate uno a uno. Tú sabes cómo continúa esta historia. Como alguien dijo una vez, ¡mientras todos los demás vieron un gigante demasiado grande para enfrentar, David vio un objetivo demasiado grande para fallar!

A veces puede parecer presuntuoso enfrentarse a un gigante de cualquier tipo, hasta que encuentras un propósito mayor. Lo que he aprendido es que al enfrentar un desafío que va mucho más allá de mí, ¡La clave es confiar en Aquel que es aún mucho más grande!

David desafió a Goliat no sólo con su honda y una pequeña piedra, sino en el nombre poderoso del Dios vivo. David no solo era fuerte de mente; también era fuerte de corazón. Por eso Dios dijo: "He encontrado en David, hijo de Isaí, un hombre conforme a mi corazón" (Hechos 13:22 NVI).

¿Eres más fuerte de mente o de corazón? Esta es una pregunta importante. En otra llamada reciente de entrenamiento pastoral me pidieron que definiera la diferencia entre fuerte de mente y fuerte de corazón. Después de darle vueltas en la cabeza por un momento, sugerí que un líder fuerte de mente aborda los desafíos con una actitud arrogante que dice "¡Yo puedo!". Por el contrario, el líder de corazón fuerte vive y lidera con una convicción humilde: "¡Dios puede!"

El orgullo está en la mente; la audacia en el corazón. El orgullo es altivo; la audacia es humilde. Goliat tenía orgullo, David tenía audacia. David estaba indignado porque un agresor pagano estaba intimidando al pueblo de Dios. La respuesta de David fue no unirse a la mayoría que se acobardaron de miedo, en vez de levantarse con la convicción que Dios traería la victoria. ¿Por qué? David sabía que la victoria no vendría de él mismo, sino de Dios a través de él. ¡David era fuerte de corazón!

PÍDELE A DIOS UNA VALENTÍA SANTA

Si bien definitivamente no soy un líder guerrero como David, he tenido muchas experiencias similares a las de David. A pesar de las inseguridades en mi liderazgo y mis persistentes sentimientos de insuficiencia, en múltiples ocasiones algo extraordinario ha sucedido en y a través de mí. Sé que nunca podría haber dicho lo que dije, hecho lo que hice, o superar lo que superé a menos de que Dios estuviera trabajando en mí y a través de mí.

Sé lo que es consumirse con una especie de valentía santa. Lo que me llama la atención es que en esas ocasiones no tuve que convencerme a mí mismo a ser valiente; más bien, Dios me sorprendió dándome valentía. ¡Así supe que no era yo, sino Él!

¿Por qué debería sorprendernos cuando nos dicen que el mismo poder que resucitó a Jesús de entre los muertos está obrando en aquellos que siguen a Jesús? El hecho de la resurrección no es sólo una experiencia en tiempo pasado; es en tiempo presente. ¡La Pascua cambia todo para siempre! Aunque aceptamos la realidad de problemas gigantes, y reconocemos nuestra propia debilidad para solucionarlos, también sabemos que Nuestro Dios es más grande que cualquier gigante de nueve pies nueve que hayamos enfrentado jamás.

Líderes, anímense: no todo depende de ustedes. ¡Dios está trabajando! ¡El apóstol Pablo nos recuerda que el mismo poder que resucitó a Jesús de entre los muertos está obrando en los que creen! Cuando te convences de eso, no tendrás muchos problemas para convencer a nadie más. El desafío para muchos no es tanto dominar el material para un mensaje, ¡es ser dominado por el material!

¿Estás viviendo la vida que estás llamando a otros a vivir? Se nos recuerda en Santiago 3:1 (NTV): "No muchos deberían llegar a ser maestros en la iglesia, porque los que enseñamos seremos juzgados de una manera más estricta." Si bien los estándares morales de Dios son los mismos para todos, el estándar para los maestros es más alto cuando se trata de practicar lo que predicamos a los demás. La mejor lección es la que vives, no simplemente la que das. El pueblo de Dios debería esperar que realmente consumamos nuestra propia comida y apliquemos fielmente nuestra propia predicación a nuestras propias vidas. Esto es lo que hace que sea tan difícil predicar con autoridad moral sobre cualquier tema, como el dinero o el matrimonio, la compasión o la satisfacción, la oración o la pureza. Cada vez que luchamos con un tema en preparación para una lección o un mensaje, pasamos por un desafío personal en el corazón. Tenemos que preguntarnos: ¿Realmente creo esto? Y si es así, ¿qué estoy haciendo al respecto?

EL TRABAJO DEL CORAZÓN ES UN TRABAJO DURO, ¡PERO VALE LA PENA!

El trabajo del corazón es un trabajo duro. Nadie jamás debería aceptar el liderazgo de cualquier cosa a menos que estén dispuestos a luchar con asuntos del corazón. John Flavel escribió una vez: "La mayor dificultad en la conversión, es ganar el corazón para Dios, y después, conservar el corazón con Dios. El trabajo del corazón es realmente un trabajo duro".

Quienes están familiarizados con el trabajo del corazón saben cuán exigente es. Exige lo más profundo de ti, no sólo una parte de ti. A menudo, después de unas horas de intensa conversación en nuestros retiros de cuidado del alma, algunos necesitan tomar una siesta. Eso no es sólo porque están saliendo de un gran estrés por la altitud de Colorado, sino debido a la gran demanda para procesar cosas pesadas. El cuidado del alma no es para personas débiles.

Es por eso que cada vez que nos reunimos como grupo de pacto, comenzamos casi todas las sesiones iniciando con una palabra o frase descriptiva, seguida de una declaración personal: "¡Estoy metido de lleno!". Aquí está sólo una muestra del tipo de cosas que otros y yo hemos compartido:

- Tengo esperanzas. . . ¡y estoy metido de lleno!
- Estoy agotado . . . ¡pero estoy metido de lleno!
- Estoy satisfecho. . . ¡y estoy metido de lleno!
- Estoy derrotado. . . ¡pero estoy metido de lleno!
- Estoy explorando. . . ¡y estoy metido de lleno!
- Estoy frustrado . . . ¡pero estoy metido de lleno!
- Estoy listo . . . ¡y estoy metido de lleno!
- Estoy confundido . . . ¡pero estoy metido de lleno!
- Estoy anticipando . . . ¡y estoy metido de lleno!
- Estoy distraído . . . ¡pero estoy tratando de participar con todo!
- Estoy prosperando. . . ¡y estoy metido de lleno!

El trabajo del corazón implica ofrecer todo lo que eres en una conversación. A menudo termino una conexión profunda diciendo: "Si esta fuera la última conversación que tuviéramos ¿hay algo más que necesitas escuchar de mí, o que necesitas decirme? Eso no es algo que suceda rápidamente en una cafetería llena de gente.

Una conversación sincera requiere un lugar seguro y un ritmo pausado. Francamente, ese es un terreno sagrado, y ese terreno debe ser cultivado. Relaciones como esta son, por definición, infrecuentes porque exigen lo mejor de todos nosotros. Exigen nuestros corazones.

¿Cuánto tiempo ha pasado desde que experimentaste una conexión de todo corazón con un aliado de confianza? Como líder, esto no sólo es agradable, es necesario. No es sólo opcional, es esencial. No es sólo para que suceda ocasionalmente, debería suceder con frecuencia. Esta es la esencia de tu llamado. Después de todo, como escribió Jonathan Edwards: "La primera y más grande obra de un cristiano tiene que ver con su corazón".

EL CORAZÓN TRIUNFA SOBRE LA HABILIDAD

¿Qué tan saludable está tu corazón en este momento? No importa si somos un lider de un ministerio relacionado con la iglesia, una empresa comercial, o incluso nuestra propia familia; las cosas tristes suceden. Lo que más importa es la condición de nuestro corazón. Si bien la mayoría de los libros sobre liderazgo se centran en temas relacionados con la estrategia y la habilidad, el Libro más importante y esclarecedor de todos pone énfasis primero en el corazón y en el alma: "Y los guió con integridad de corazón y los pastoreó con habilidad." (Salmo 78:72 NVI).

La secuencia es importante. No es casualidad que el corazón está antes que la habilidad. A lo largo y ancho en mi mentoría y entrenamiento de líderes, he aprendido que lo que la mayoría de ellos anhela no es simplemente consejos de liderazgo, sino conversaciones que enriquezcan el alma y desafíen el corazón. Todos nosotros las necesitamos para procesar los golpes y heridas de la vida y el liderazgo.

Lo que todos sabemos es que, cuando las familias, los ministerios y las empresas se derrumban, no es principalmente debido a errores de estrategia, sino al egocentrismo y al pecado. "Nada hay tan engañoso como el corazón. No tiene remedio. ¿Quién puede comprenderlo?" (Jeremías 17:9 NVI).

Esto lo vemos confirmado todos los días, con las noticias de líderes nacionales que se estrellan debido al fracaso moral. Sucede entre la élite de los medios de comunicación, los principales directores ejecutivos de las empresas y, lamentablemente, incluso en el liderazgo experimentado de la iglesia. El movimiento "Me Too" ("Yo también") provocó ondas de choque no sólo entre los líderes seculares, sino también entre los religiosos. La revista "World Magazine" informó sobre la tragedia y el trauma. Su portada del 15 de septiembre de 2018 decía: "Como el Papa Francisco es criticado, los protestantes en

Estados Unidos se enfrentan a un movimiento llamado 'la iglesia también'"

La iglesia que amé y dirigí durante veintinueve años no estaba exenta. Tuvimos nuestras propias vergüenzas e incluso humillaciones, debido al fracaso moral de varios líderes clave, a lo largo de los años. Un pasante joven incluso fue sentenciado a prisión por abusar sexualmente de menores. Estas fueron experiencias desgarradoras y devastadoras para muchos, especialmente para las personas y familias involucradas directamente.

Lamentablemente, no fue sólo la reputación de aquellos que pecaron la que recibió un golpe; la iglesia entera sufrió. Los miembros dentro del cuerpo de Cristo están interrelacionados. Cuando uno de nosotros decide vivir egoístamente o pecar gravemente, todos sufrimos algunos daños colaterales.

EL VÍNCULO ENTRE LA SALUD DEL CORAZÓN Y LA TRANSPARENCIA

¿Puedes decir honestamente: "No tengo secretos, y está bien con mi alma"? A menudo uso esta pregunta penetrante del autor Jerry Bridges cuando estoy con mis compañeros más cercanos. Sólo aquellos que nos conocen más se atreverían a hacernos esa pregunta.

- ¿Quién podría hacerte esa pregunta?
- ¿A quién le harías esa pregunta?

El cuidado del alma no es una cirugía cerebral; es más difícil. . . porque es un asunto del corazón. Lamentablemente, algunos líderes cristianos tienen cabezas grandes y corazones pequeños. Hablar del trabajo puede ser algo bueno, pero también puede ser simplemente algo racional. Por el contrario, el cuidado del alma es más una cosa del corazón, especialmente centrándose en las ideas, la iluminación y la transformación.

Teniendo en cuenta estas verdades sobre el cuidado del alma, hay tres ingredientes esenciales en la receta para tener grupos de pacto que transformen el alma:

- La franqueza se debe dirigir con valentía. Una vez más, como Henri Nouwen comparte en *El sanador herido*, "Sólo aquel que es capaz de articular su propia experiencia, puede ofrecerse a los demás como fuente de aclaración. El líder cristiano es, por tanto, en primer lugar, un hombre que está dispuesto a poner su propia fe articulada, a la disposición de quien le pide su ayuda. En este sentido es un servidor de servidores, porque es el primero en entrar en la tierra prometida pero peligrosa, el primero en decir, a quienes tienen miedo, lo que ha visto, oído y tocado."[8]
- La vulnerabilidad humilde se debe modelar. En su obra maestra titulada Ruthless Trust ("Confianza Sin Fin"), Brennan Manning

lo deja claro: "El camino de la confianza es un movimiento hacia la oscuridad, hacia lo indefinido, hacia la ambigüedad, no hacia un plan predeterminado y claramente delineado para el futuro...la realidad de la confianza desnuda es la vida del peregrino que deja lo que está clavado, evidente, y seguro, y camina hacia lo desconocido sin ninguna explicación racional para justificar la decisión o garantizar el futuro. ¿Por qué? Porque Dios ha señalado el movimiento y le ofreció su presencia y su promesa."[9]

- Escuchar profundamente y sin juzgar es esencial para generar confianza. Justo antes de que cada miembro del grupo comparta su actualización en profundidad, durante cada retiro de cuidado del alma, citamos repetidamente los unos a los otros, las palabras del Dr. Karl Menninger: "Escuchar es una experiencia magnética y extraordinaria, una fuerza creativa que nos atrae. Nos sentimos atraídos hacia aquellos amigos que nos escuchan. Cuando sentimos que realmente nos escuchan, esto nos transforma, nos permite desplegarnos y expandirnos".

Los líderes anhelan la comunidad, pero rara vez la experimentan. Eso es debido a que lograr este tipo de intimidad del alma dentro de un grupo no sucede fácil ni automáticamente. Debe dirigirse

intencionalmente, alcanzada sinceramente, y custo-
diada fuertemente.

TU CORAZÓN ES INTUITIVO

La conversación con el corazón no es sentimental,
es intuitiva. "¿Quién da la intuición al corazón y el
instinto a la mente? (Job 38:36 NTV). Los investigadores han descubierto que hay más vías neuronales
que pasan del corazón a la cabeza, que de la cabeza
al corazón. Algunos hablan del cerebro como si
estuviera en el corazón: "El corazón tiene su propio
sistema nervioso independiente, denominado 'el
cerebro en el corazón'. Hay cuarenta mil neuronas
en el corazón, tantas como las que se encuentran en
varios centros subcorticales en el cerebro."[10]

A eso se debe que a menudo sentimos las cosas,
antes de que podamos racionalmente explicarlas.

Desde hace tiempo se han citado las palabras
de Blaise Pascal: "El corazón tiene sus razones que
la razón ignora. Sabemos la verdad no sólo por la
razón, sino por el corazón". Es decir, nosotros a
veces intuimos rápidamente las cosas emocionalmente antes de que podamos razonarlas intelectualmente. Curiosamente la palabra emoción significa
literalmente "energía en movimiento".

En el libro *The HeartMath Solution* ("La solución
matemática del corazón") los autores señalan que el
mundo de los sentimientos se mueve a una velocidad
mayor que el de la mente: "Durante siglos, los poetas

y los filósofos han sentido que el corazón está en el centro de nuestras vidas. Saint-Exupéry escribió: 'Y ahora aquí es mi secreto, un secreto muy simple; es sólo con el corazón que se puede ver correctamente; lo esencial es invisible a los ojos' "[11]

Claramente, la inteligencia y la visión son más que simplemente el poder cerebral y la vista física. Podemos sentir o percibir miedo antes de que realmente veamos la razón. Así es como una cantidad de accidentes graves se evitan, y también las malas decisiones. Por eso necesitamos escuchar la sabiduría de los demás.

Una pareja que Linda y yo conocíamos bien estaban pagando un alto precio por no escuchar bien. Aunque él era un inversionista experimentado e inteligente, en dos ocasiones su esposa se sintió inquieta por una decisión financiera que él insistió en tomar. En contra de su fuerte consejo, su marido hizo dos inversiones financieras importantes, ambas a las cuales ella se opuso, y ambas condujeron a importantes pérdidas financieras. Aunque él tenía más cerebro para los negocios, ella tenía más sensibilidad del corazón.

Todos los creyentes deberían aprender a escuchar mejor las indicaciones del Espíritu, porque Cristo está obrando en nosotros. El apóstol Pablo nos recuerda 216 veces en sus libros que estamos en Cristo, o que Cristo está en nosotros, y el evangelista Juan nos recuerda otras dieciséis veces. Sólo hay dos categorías de personas: aquellos que están en Adán y los que están en Cristo. Si Cristo es tu Señor, eso no sólo consolida tu identidad pero aclara tu realidad.

La clave es Cristo en nosotros. Hay una unión mística entre cada creyente y Cristo: los dos están entrelazados. "Pero el que se une al Señor se hace uno con él en espíritu." (1 Corintios 6:17 NVI). Vivir con un corazón fuerte e intuitivo significa sintonizarnos con el Espíritu dentro de nosotros.

CORAZÓN, ALMA, MENTE Y FUERZA

Mientras que el corazón, la mente, el alma y la fuerza a veces se utilizan indistintamente, o tal vez en una cadena en el mismo aliento, ellos son cada uno distintos. Juntos, componen la totalidad de nuestro ser.

Marcos 12:30 (ESV) lo presenta así: "Ama al Señor tu Dios con todo tu corazón, con toda tu alma, con toda tu mente y con todas tus fuerzas".

Me resulta útil imaginar esto como un diagrama de Venn, compuesto de cuatro círculos que se cruzan con el Espíritu de Cristo en el centro:

- Corazón = nuestro ser más íntimo. La esencia de una persona incluye sus sentimientos y sus pasiones más profundas.
- Alma = la persona entera. No tienes simplemente un alma; eres un alma. Se conecta con todo.

- Mente = la capacidad mental. La mente tiene capacidad de razonar, analizar y comprender la verdad.
- Fuerza = el cuerpo. Nuestro cuerpo tiene la capacidad física de participar activamente como siervos de Dios en un mundo físico.

En su libro *Soul Keeping* ("Guarda tu alma"), John Ortberg cuenta una conversación con su mentor Dallas Willard. Dallas dijo: "El alma es la capacidad de integrar todas las partes en una sola vida entera. Es algo así como un programa que ejecuta una computadora, normalmente no lo notas a menos que se estropee".

Añadió: "El alma es ese aspecto de todo tu ser que correlaciona, integra y anima todo lo que sucede en las diversas dimensiones del yo. La vida del alma es el centro de vida de los seres humanos."[12]

Ilustró con círculos concéntricos:

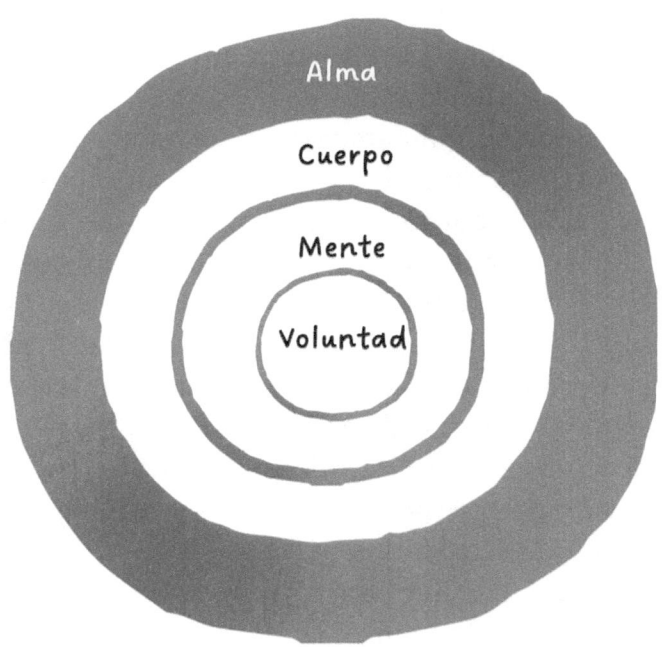

John Ortberg resume el alma así: "Un alma es saludable—bien ordenada—cuando hay armonía entre estas tres entidades, y la intención de Dios para toda la creación. Cuando estás conectado con Dios y otras personas en la vida, tienes un alma saludable."[13]

¿Cómo calificarías la salud de tu alma?

Ésa es la pregunta que les hice recientemente a seis hombres mientras terminaban juntos un recorrido de tres años en un grupo de pacto enriquecedor para el alma. En una escala del uno al diez, cada uno se evaluó a sí mismo en un nivel ocho. ¡Esta mejora de salud ocurrió durante la crisis del COVID-19! Sorprendentemente, ¡los dos que dijeron que la salud de sus almas escaló más fueron los dos miembros mayores del grupo!

La salud del alma importa a cualquier edad, y el número de nuestros días no están garantizados.

Mi amigo murió de un ataque al corazón a los cincuenta y un años. Juan Seiz estaba en mi primer grupo de pacto donde hablábamos a menudo sobre la salud del corazón. Él y su esposa sabían que él tenía problemas cardíacos, pero confiaban en que los buenos médicos de Mayo Clinic tendrían buen cuidado de él. Pero, la misma semana que estaba previsto que regresara para un chequeo y una posible cirugía, murió repentinamente.

El funeral de John fue increíble y pocos me han impresionado tan duro. Se refirió a mí como su padre espiritual, lo cual lo hizo a él mi hijo espiritual. Lo conocía muy bien y por eso podía decir con confianza que John terminó bien, más enamorado de Jesús al final que al principio.

¿Quién te conoce lo suficientemente bien como para evaluar con confianza la condición de tu alma, la esencia y el núcleo de tu verdadero yo? Lo que más importa es lo que está en el centro de ti, "que es Cristo en ustedes, la esperanza de gloria" (Colosenses 1:27). Por último, Cristo debe ser el centro consumidor de nuestras vidas. Nada importa más ahora y para la eternidad que Él. Un día pronto eso será asombrosamente claro para todos nosotros.

PREGUNTAS PARA REFLEXIONAR

¿Eres un líder que dirige con la mente o con el corazón? ¿Qué significa eso?

¿Cómo te ves en tu vida diaria?

¿Te describirías como muy intuitivo? ¿Por qué o por qué no?

¿Cómo evaluarías la salud de tu alma?

EL MODELO CONVERSACIONAL 4 D

Las 4D significan Deleite, Desánimo, Descubrimiento y Determinación. Reflexiona periódicamente y luego comparte ejemplos de cada uno. Será bueno para tu alma y profundizará tu conexión con otros.

Deleite: ¿Qué te ha estado provocando alegría y te ha animado recientemente?

Desánimo: ¿Qué ha sido recientemente perturbador, agotador o desalentador para ti?

Descubrimiento: ¿Qué ha sido especialmente esclarecedor o alentador para ti, de la Palabra de Dios y de este capítulo?

Determinación: ¿Qué te está impulsando Dios a seguir o a hacer, como resultado de procesar ideas de la Palabra de Dios y de este capítulo?

3

ELIGE TUS CÍRCULOS

"A PESAR DE TODOS LOS ELOGIOS QUE
RECIBÍA CUANDO HABLABA DE LA COMUNIDAD,
NO SENTÍA QUE VERDADERAMENTE
PERTENECIERA A NADIE".

— HENRI NOUWEN

He aquí una idea revolucionaria: tus verdaderas "pertenencias" no son tus posesiones sino tus relaciones, las personas a quienes perteneces y quienes te pertenecen.[14] Ese es un resumen de las ideas que surgen de un libro que disfruté hace unos años titulado *The Search to Belong* ("La búsqueda por pertenecer"), en el que Joseph Myers comparte un estudio realizado en la década de 1960 por Edward T. Hall, sobre las cuatro esferas de pertenencia.

Recientemente, he presentado este concepto a líderes en varias ocasiones y he visto cómo se encienden las luces. Imagina las cuatro esferas de pertenencia como cuatro anillos concéntricos de un círculo:

Espacio Público
4 metros y mas allá

Espacio Social
1 a 4 metros

Espacio Personal
0.5 a 4 metros

Espacio Íntimo
0 a 0.5 metros

- El espacio público es el anillo exterior. Ese podría ser nuestro vecindario, la cafetería, el vestíbulo de una iglesia grande. Es un lugar donde frecuentemente nos encontramos mezclados, un lugar donde reconocemos caras familiares. Esa es la esfera pública.
- El espacio social es el siguiente anillo hacia adentro. Puede ser una clase de escuela dominical o un grupo pequeño que se reúne en una casa. No es necesariamente una reunión intensa; es una reunión amistosa llena de personas con las que interactuamos. Es

donde la risa relajada surge fácilmente. Esa es la esfera social.

- El espacio personal es el anillo cerca del centro. Esta es la mesa en una cafetería o restaurante con un flujo libre de información y actualizaciones que pueden ir más allá de las cosas generales a algunas cosas privadas. Esa es la esfera personal.
- El espacio íntimo está en el centro. Aquí es donde ocurren las cosas más profundas y donde se comparte la verdad absoluta. Este es el más esporádico de todos y el más vulnerable de todos.

Es en nuestro espacio íntimo donde ocurre la transformación más significativa. No es solo un espacio seguro para compartir nuestras experiencias más dolorosas. Es un espacio seguro para una reflexión profunda sobre esas experiencias, y la articulación que conduce a la iluminación. Es un espacio sagrado.

¿QUIÉN ESTÁ EN TU MESA?

No estamos solos; de hecho, si tan solo abriéramos los ojos para ver, la mayoría de nosotros diríamos que somos bendecidos en nuestras relaciones y que tenemos increíblemente buenos recursos. Uno de mis mentores, Bob Shank, me abrió los ojos a esta realidad cuando me presentó la idea de "una mesa de influencia". Aquellos que tienen asientos en esta mesa no tienen que estar en el mismo lugar o incluso conocerse. La clave no es su relación entre ellos, sino la relación contigo.

¡Todos necesitamos sentarnos en un círculo de confianza con aquellos que nos aman y nos respetan, pero no siempre se sienten impresionados por nosotros! C.S. Lewis dijo: "Lo mejor, después de ser sabio uno mismo, es vivir en un círculo de aquellos que lo son".

¿Quién se sienta en el círculo de tu mesa? Todos tenemos a aquellos que disfrutan de posiciones de máxima influencia en nuestras vidas. Puede que no todos hayan sido invitados a tu mesa; algunos pueden haberse invitado a sí mismos. Puede que no todos sean sanos, nobles o astutos, pero los que más valoramos ciertamente sí lo son.

La compañía que frecuentamos es la que más nos influye. Se llama la "sociología del deseo". Es decir, tendemos a gravitar hacia los gustos, preferencias, valores y actitudes de aquellos con quienes nos relacionamos y escuchamos más. Compruébalo y probablemente verás que esto es cierto para ti. Todos vemos cosas en aquellos que nos rodean y, a menudo, sin siquiera darnos cuenta, nos adaptamos y asimilamos a lo que vemos en ellos o escuchamos de ellos.

- Aquellos con una fuerte ética de trabajo nos inspiran a trabajar más duro y de manera más inteligente.
- Aquellos con una profunda comprensión y una sabiduría poco común nos inspiran a estudiar y reflexionar más.
- Aquellos con una generosidad excepcional nos incitan a sobresalir en la gracia de dar.
- Aquellos que tienen relaciones felices y saludables nos hacen imitar su compromiso de invertir en amistades que dan vida.

Una de las dimensiones positivas de nuestra conexión tecnológica es el acceso que todos tenemos a personas que dan vida. Puede que no trabajen contigo ni vivan al lado, pero sin duda están disponibles para ti. Ellos están a solo un correo electrónico, una llamada telefónica o una conexión por Zoom de distancia. Tú eres el que está a cargo de tu calendario relacional. ¿A quién estás buscando para que crezca más profundamente contigo? He aquí una idea loca: en lugar de esperar a que otros se acerquen a ti, ¡acércate a otros!

ELIGE LA CALIDAD EN LUGAR DE LA CANTIDAD

¿Cuántas relaciones de calidad disfrutas? Lamentablemente, vivimos en una era de increíble conexión tecnológica, pero de una desconexión personal que agota el alma. Aunque muchos tienen cientos de amigos en Facebook, la mayoría tiene pocos amigos de cara a cara o personales. Muchos lamentan no tener amigos cercanos, y lo mismo sucede incluso entre los líderes cristianos. Nos enfrentamos a lo que algunos llaman ¡una epidemia de soledad!

Recientemente un líder me admitió que a veces lucha con la "envidia de tener amigos". Eso se debe a que su esposa tiene varias amistades profundas con otras mujeres, y él no tiene ninguna con otros hombres.

Las amistades de corazón a corazón son infrecuentes entre los hombres, especialmente entre aquellos que ocupan puestos de liderazgo. Los pastores están ciertamente entre aquellos que más hablan sobre la comunidad y las conexiones de calidad, pero son los que menos las disfrutan. A menudo hablamos de lo que anhelamos—ansiamos la comunidad porque fuimos creados para ella—es el hambre de nuestro corazón. Todos buscamos ser conocidos, comprendidos y conectados de manera significativa.

Sin embargo, cuando reflexionas sobre este concepto, incluso puedes llegar a ver que eres más bendecido en tus relaciones de lo que te habías dado cuenta. Cuando consideras cómo Dios te ha bendecido a través de los años e incluso en los últimos días, observa quién te viene a la mente. ¿Quién está sentado en tu mesa de influencia en este momento, o lo ha estado en el pasado reciente? Después de aprender esto por primera vez en el curso "The Master's Program" de Bob Shank, así es como he adaptado y ampliado mi modelo de mentor (por cierto, las personas pueden cambiar de asiento de vez en cuando, o incluso ocupar más de uno de estos cuatro asientos importantes):

La silla del trabajo: aquellos que te afilan. Estos son los que te inspiran a mejorar tanto en tu eficiencia como en tu eficacia. "Así como el hierro afila el hierro, así un amigo afila a su amigo." (Proverbios 27:17 NVI). ¿Quién te afila?

La silla de la sabiduría: aquellos que te hacen profundizar. Estos son los que te profundizan al hacerte preguntas poco comunes y al modelar una franqueza inusual. Puede que no siempre sean las personas más inteligentes en tu mesa, pero es probable que estén entre las más curiosas y honestas. ¿Quién te hace profundizar?

La silla del bienestar: aquellos que te enriquecen. Estos son los que tienen un patrón de bendecir y elevarte felizmente. Pueden compartir sus recursos, pero, aún más, sus corazones, sus hogares e incluso su buen humor. ¿Quién te enriquece?

La silla de las conexiones sociales: Se refiere a aquellos que te conectan con otras personas que son buenas para ti y divertidas para ti. A los amigos les encanta presentarles a sus amigos otros amigos que les abren oportunidades. ¿Quién te conecta?

Noticia de último momento: ¡tu vida nunca será más rica que tus relaciones! Lo que sabemos es que las buenas amistades son catalizadoras de buenos resultados. En su excelentísimo devocional basado en el libro de Proverbios, *God's Wisdom for Navigating Life* ("La sabiduría de Dios para navegar por la vida"), Tim y Kathy Keller comparten algunas ideas oportunas sobre la importancia de la intencionalidad y la constancia con respecto a la amistad. Como explican los Keller, "En la primera etapa de tu vida, fuiste formado principalmente por tu familia. Pero durante el resto de tu vida serás formado en gran medida por tus amigos. Te vuelves como la gente con la que pasas la mayor parte del tiempo".[15]

Todas las relaciones saludables tienen una razón y un tiempo. Ninguna durará para siempre en el planeta Tierra. Los tiempos y las circunstancias de la vida cambian constantemente. Entonces, ¿quiénes son tus mejores amigos ahora? ¿Aquellos que quieren algo para ti y no solo algo de ti?

¿Quiénes son tus aliados sagrados, los amigos que enriquecen tu alma? A continuación, se ofrecen siete pistas para ayudarte a identificarlos. Hazte estas preguntas:

- ¿Quién me da energía en lugar de quitarla?
- ¿Quién me reta espiritualmente?
- ¿Quién me agudiza mentalmente?
- ¿Quién es un amigo que me entusiasma?
- ¿Quién me hace reír?

- ¿Quién puede guardar un secreto?
- ¿Quién, al irse, me deja sintiéndome más vivo?

Utiliza el diagrama de la página siguiente para ayudarte a identificar a las personas que desempeñan estos papeles importantes en su vida.

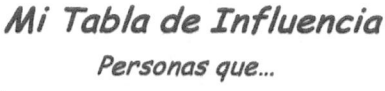

¿CÓMO LIDIAR CON PERSONAS TÓXICAS O DIFÍCILES?

Es probable que haya personas en tu vida, cuyos nombres nunca se te ocurrieron, mientras veías esa lista de preguntas.

Todos conocemos personas que no nos dan energía, sino que nos la quitan. Nos dejan sintiéndonos agotados, enojados o tristes. Cuando estamos con ellos, sabemos que no somos la mejor versión de nosotros mismos. Y si sacan lo peor de nosotros, probablemente no estemos sacando lo mejor de ellos.

El Dr. John Walker, fundador de "Blessing Ranch Ministries" ("Ministerio Rancho de Bendición"), dijo una vez que decidió no invertir demasiado tiempo en apaciguar o hacerse amigo de una persona tóxica. La realidad es que las personas tóxicas con actitudes tóxicas no solo abundan, sino que nos rodean a todos. Eso es cierto no solo a través de nuestra tecnología, si no en nuestra comunidad. La clave es minimizar esas influencias, maximizando las influencias vivificantes de quienes nos traen lo mejor y buscan lo mejor para nosotros.

He aprendido que sabrás la diferencia entre una persona tóxica y una persona sana por lo que sientes después de haber estado con ella. Enseñamos a nuestros hijos la sabiduría de 1 Corintios 15:33 (NTV), que dice: "Las malas compañías corrompen el buen carácter". Los investigadores lo llaman "contagio emocional". Sabemos que lavarnos las manos y usar mascarillas durante una pandemia es una excelente manera de prevenir la propagación de varias infecciones transmitidas por el aire. Lo que a menudo fallamos en reconocer, son las amenazas más graves de infección emocional. Estas pueden ser aún más agotadoras para el alma.

Una forma de imaginar a las personas tóxicas es con el sencillo Tabla de la Matriz de Energía en la página siguiente. El cuadro está compuesto de dos categorías: actividades y relaciones. Es esclarecedor hacer una lista para ti mismo de quienes energizan tu vida y, por lo tanto, están por encima de la línea, y luego de quienes constantemente agotan tu energía y están por debajo de la línea.

MATRIZ DE ENERGÍA

Si bien nadie puede o debe evitar siempre las situaciones y personas desafiantes, es importante que al menos las reconozcamos, aunque sea para nosotros mismos. En la lectura del 19 de mayo de *My Utmost for His Highest* ("En Pos de lo Supremo"), Oswald Chambers dice: "Siento pena por el cristiano que no tiene algo en las circunstancias de su vida, que desearía que no estuviera allí".

El llamado a todos nosotros no es tratar de eliminar a cada persona o circunstancia difícil que nos rodea. Más bien, debemos tratar de minimizar el impacto estresante para el alma de estas personas y circunstancias difíciles, maximizando lo opuesto. Es el equivalente a hacer ejercicio fielmente y disfrutar de una ingesta saludable de alimentos de calidad, e incluso vitaminas adicionales para contrarrestar los efectos agotadores del envejecimiento normal y las enfermedades inevitables.

Entonces, ¿quiénes son esas personas para ti, y cuáles son esas actividades que llenan tu alma? Todos tenemos acceso a varias personas y actividades que enriquecen el alma, pero depende de nosotros poder sacar provecho de ellas.

LAS CATEGORÍAS DE GORDON MACDONALD

Estoy en deuda con Gordon MacDonald por su concepto de que las personas en una iglesia encajan en cuatro categorías distintas: personas muy influyentes, personas muy educables, personas muy agradables, personas muy agotadoras.[16]

He agregado una categoría más: personas muy rejuvenecedoras. Por supuesto, hay niveles en todas estas categorías. Una vez más, he descubierto que la imagen de una pirámide, que encontrarás en la página siguiente, desbloquea mi cerebro, así como el cerebro de otros líderes con los que he trabajado.

PIRÁMIDE DE CATEGORÍAS DE PERSONAS

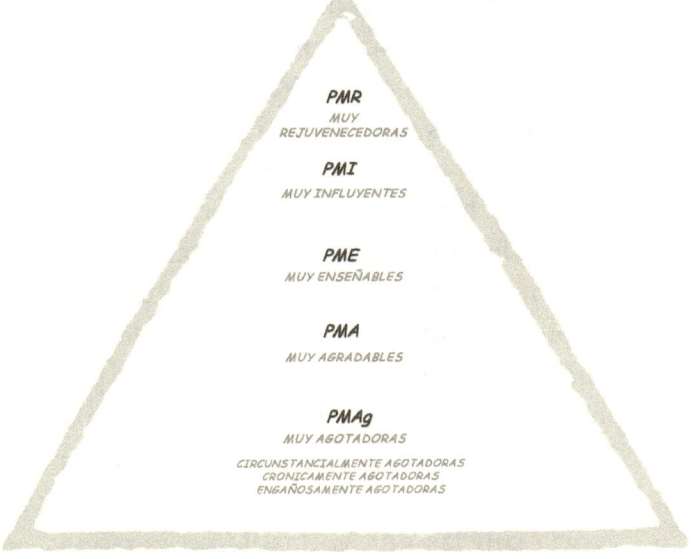

PMR
MUY
REJUVENECEDORAS

PMI
MUY INFLUYENTES

PME
MUY ENSEÑABLES

PMA
MUY AGRADABLES

PMAg
MUY AGOTADORAS

CIRCUNSTANCIALMENTE AGOTADORAS
CRÓNICAMENTE AGOTADORAS
ENGAÑOSAMENTE AGOTADORAS

- Las personas muy rejuvenecedoras (PMR) son las pocas que están en la cima de la pirámide. Estos son el cinco por ciento superior, aquellos a quienes siempre desea dedicar tiempo porque lo rejuvenecen incesantemente.
- Las personas muy influyentes (PMI) probablemente estén en el 15-20 por ciento superior de su organización porque son muy influyentes. Todos siguen sus instrucciones.
- Las personas muy educables (PME) son energizantes porque son muy receptivas. Te

encanta hablar con ellas porque lo que dices resuena / hace eco en ellas.

- Las personas muy amables (PMA) son la mayor parte de cualquier organización, y es simplemente agradable tenerlas cerca. No dirigen ni provocan problemas, simplemente participan con amabilidad.
- Las personas muy agotadoras (PMAg)son las personas más desafiantes. Algunas simplemente estarían en la categoría de lo que yo llamo las personas que agotan circunstancialmente, aquellas que están lidiando con problemas inusuales de salud o de vida. Las más desafiantes son las que yo llamo personas que agotan crónicamente, siempre tienen una queja y siempre quieren que sepas al respecto. Aquellas personas en el extremo de esta categoría son las que yo las llamo personas que agotan con ánimos de dividir. Su misión es sembrar semillas de discordia y división.

En diferentes momentos, es posible que todos hayamos estado en cada una de estas categorías en nuestras relaciones con los demás. Sin embargo, para un líder es imperativo que la mayor parte de la energía emocional se invierta en aquellos que se encuentran en los tres niveles superiores. Ningún líder puede ignorar ninguna de las categorías; sin embargo, se debe tener mucho cuidado con las PMAg que se encuentran en la parte inferior. El Dr. Henry

Cloud trata esto magistralmente en su clásico libro *Necessary Endings* ("Finales necesarios"). Dedica un capítulo entero a los tres tipos de personas, que se describen en el libro de Proverbios. El capítulo se titula "El sabio, el tonto y el malvado".

Así es como el Dr. Cloud lo plantea:

> Si tu eres una persona responsable y amorosa, entonces podrías asumir que otras personas son como tú: responsables y amorosas. Ellas hacen lo correcto, se responsabilizan por sí mismas, por sus errores, por su trabajo. Y se preocupan por otras personas y cómo sus acciones las afectan. Eso es lo que tú haces, ¿verdad? Correcto. Tú te preocupas por cómo lo que haces afecta a los demás. Entonces, ¿tendría sentido que todos los demás fueran como tú, y realmente se preocuparan? Claro, si vivieras en Marte.

> Pero este es el planeta Tierra. Y si vas a tener éxito en la vida y en los negocios, tienes que tener éxito en este planeta, no en Marte. La verdad es que no todos en el planeta Tierra son como tú. No todos se responsabilizan de sí mismos ni se preocupan por cómo sus acciones afectan a otras personas o a la misión. Es más, algunos son incluso peores que eso. Algunas personas en realidad están decididas a hacerte daño.

No todos están en la misma categoría. El Dr. Cloud sugiere tres: los sabios, los necios y los malvados. Quizás se te ocurran otras palabras. Cuando comencé en el ministerio, hubiera sido muy esclarecedor si todos se hubieran identificado con una etiqueta, como las que compartí anteriormente. "¡Hola, me estoy rejuveneciendo!" "¡Soy influyente!" "¡Soy educable!" "¡Soy amable!" "¡Soy agotador!" Sería aún más útil si alguien me hubiera dicho: "Hola, soy sabio. Soy tonto. Soy malvado".

El problema es que esos clarificadores suelen tardar tiempo en discernirse. Es por eso que todos necesitamos desesperadamente sabiduría para navegar las aguas relacionales traicioneras de nuestro tiempo. Cuando estaba empezando, habían pocos líderes experimentados a mi alrededor con los que hablar cara a cara. Antes de la llegada de Internet, aquellos que conocía de lejos eran precisamente eso, muy lejos. Mientras luchaba con los distintos tipos de personas que me habían llamado a liderar, a menudo me sentía confuso. Con pocos recursos disponibles, a menudo luchaba por entender si estaba exagerando las situaciones que me rodeaban, y me desconcertaba acerca de cómo liderar bien. Anhelaba tener un mentor experimentado que me ayudara a entenderme a mí mismo... y luego a entender mejor el remolino de desafíos relacionales que me rodeaban.

MENTORES Y PADRES ESPIRITUALES

Todos necesitamos ayuda para resolver las cosas. Solo cuando nos oímos decir ciertas cosas en voz alta las entendemos. Otras veces, solo cuando escuchamos a otra persona compartir con franqueza su lucha en voz alta las entendemos.

Eso ciertamente le sucedió a un psiquiatra suizo llamado Dr. Paul Tournier. Cuenta la historia en su libro *A Place for You*,("Un lugar para ti") que fue el primer libro en mi viaje de cuidado del alma. Comienza con un relato sencillo que me cautivó hace cincuenta años y nunca me ha abandonado:

Las palabras eran las de un joven estudiante con quien entablé una profunda amistad. Estaba sentado junto a mi chimenea, contándome sus dificultades, la ansiedad que nunca lo abandonaba y que a veces se transformaba en pánico y huida. Él estaba tratando de mirar objetivamente lo que estaba sucediendo dentro de sí mismo y entenderlo. Luego, como si resumiera sus pensamientos, me miró y dijo: "Básicamente, siempre estoy buscando un lugar, un lugar donde estar".[17]

A menudo he anhelado sentarme junto a la fogata con un aprendiz de por vida, y con un oyente sabio que me ayudara a comprenderme mejor a mí mismo. He sido bendecido con una variedad de hermanos del alma a lo largo de los años, y ahora tengo más que nunca. Además de los de los grupos de pacto que dirijo, también "parto el pan con autores ya ausentes" todos los días. Algunos de mis mejores mentores ya han fallecido, pero me iluminan diariamente. Hombres como Oswald Chambers, C.S. Lewis, Henri Nouwen, Dallas Willard y, mencionó de nuevo, el Dr. Paul Tournier.

Recordé al Dr. Tournier y su inspiradora charla al lado de una fogata, cuando vi una foto recientemente... ¡una foto mía! Francamente, fue un momento surrealista cuando me di cuenta de que ahora soy yo el anciano. Cuando los pastores se reúnen frecuentemente conmigo para conversaciones profundas, a menudo expresan el mismo anhelo de comprender, como yo lo he tenido. Es en estos entornos reflexivos donde cada uno de nosotros toma turnos para desentrañar nuestras historias, y a menudo nos recordamos mutuamente la importancia y el poder de escuchar profundamente. Por lo general, compartimos la cita ya mencionada de otro estimado psiquiatra, el Dr. Karl Menninger: "Escuchar es una experiencia magnética y extraordinaria, una fuerza creativa que nos atrae. Nos sentimos atraídos hacia aquellos amigos que nos escuchan. Cuando sentimos que realmente nos escuchan, esto nos transforma, nos permite desplegarnos y expandirnos".

Todos tenemos el anhelo de ser escuchados y aceptados. Cuando eso sucede, a menudo se produce un vínculo sorprendente. Al principio no entendía cuando alguien, no mucho más joven que yo, se refería a mí como una especie de padre espiritual. A veces asumía ingenuamente que solo se estaban burlando de mi edad y color de pelo. Bueno, ahora que tengo aún menos pelo, y lo poco que tengo es gris, estoy empezando a apreciar lo que realmente estaban diciendo.

La paternidad espiritual no tiene que ver con la edad, sino con la influencia. No se trata de un título, sino de una relación, no tanto de biología, sino más bien de vínculos. Todos tenemos algunas personas que encajan en esta definición, aunque tal vez nunca los hayamos honrado realmente al compartir lo mucho que los estimamos.

Evidentemente, hay momentos en los que necesitamos reconocer y honrar a quienes Dios ha usado para ayudar a moldear nuestras almas.

- "De hecho, aunque tuvieran ustedes miles de tutores en Cristo, padres sí que no tienen muchos, porque mediante el evangelio yo fui el padre que los engendró en Cristo Jesús. Por tanto, les ruego que sigan mi ejemplo." (1 Corintios 4:15-16 NVI).
- "Saben también que, a cada uno de ustedes, lo hemos tratado como trata un padre a sus propios hijos. Los hemos animado, consolado y exhortado a llevar una vida digna de

Dios, que los llama a su reino y a su gloria."
(1 Tesalonicenses 2:11-12 NVI).

Francis Chan dijo: "Puedes alejarte de un sistema de creencias, pero no de un padre". La relación que cada uno de nosotros tiene con nuestro padre "terrenal" imperfecto es profunda. Yo tuve el privilegio de tener una relación fuerte con mi padre; sin embargo, lamentablemente, muchos han tenido relaciones dolorosas e incluso terribles. Eso es lo que ha llevado a varios a decirme: "eres lo más parecido a un padre en mi vida", o "eres el padre que siempre quise tener", o "eres como un padre espiritual para mí".

La paternidad espiritual no se trata de perfección sino de confianza personal; por lo tanto, conlleva tantos privilegios sorprendentes como responsabilidades especiales. En cuanto al privilegio, se me confía información privada y se me da una libertad sorprendente para guiar e incluso para desafiar. En cuanto a la responsabilidad, soy cada vez más consciente de que debo tener especial cuidado con mis palabras. Con frecuencia recuerdo que los hombres más duros, pueden tener los corazones ¡más tiernos!

Todos somos bendecidos con relaciones que enriquecen la vida. Ninguno de nosotros es huérfano espiritual. Alguien nos ha influenciado, formado y alentado en nuestro camino espiritual, y algunos de ellos todavía lo hacen. Cuando recordamos a estas personas deberíamos honrarlas y agradecerle a Dios por ellas. ¡Quizás ,incluso, a pedirles perdón!

Hace unos años, tan pronto como mi avión aterrizó en Denver, después de un viaje de trabajo, recibí un sorprendente mensaje de texto de un ex-colega. Para decirlo amablemente, su ministerio con nuestra iglesia no terminó bien. Después de una considerable reflexión, escribió esto:

> Estoy en una etapa de la vida y el ministerio en la que busco aprender todo lo que pueda sobre el honor, e inculcarlo en mi vida a un nivel profundo. Hay una historia en la que Jesús regresa a su hogar en Nazaret, después de su asombrosa serie de milagros. Debido a que es su hogar, no se le da el honor que se merece, y en realidad esto limita su poder.

> En lugar de hacer que los cojos caminen y los ciegos vean, cura algunos dolores de cabeza. Estoy convencido de que mi falta de mostrarte honor a ti, limitó el poder de Dios en algún nivel. Quiero que sepas lo desconsolado y arrepentido que estoy por haber fallado a tu liderazgo de esta manera. Te pido perdón y oro para que Dios te bendiga a ti y a tu ministerio.

> Lamento que este mensaje sea tan inesperado, y probablemente muy extraño.

Respondí de inmediato. "Mi avión acaba de aterrizar en Denver. Aprecio profundamente tu sincera y considerada disculpa. Como resultado de tu mensaje estoy en un tipo especial de experiencia, semejante a haber llegado a la cima de la montaña. Bendiciones para ambos, tu cabeza y tu corazón".

Más tarde, los dos tuvimos una larga conversación en la que desmenuzamos más lo que motivó esta disculpa. Si bien he sido el receptor de muchos honores y palabras amables a lo largo de los años, nunca había recibido una disculpa tan sorprendente y esclarecedora. Esta humilde expresión de remordimiento y de homenaje, me bendijo profundamente. Estoy seguro de que hizo lo mismo en él.

Entonces, ¿a quiénes necesitaríamos honrar? Todos hemos sido bendecidos por padres y madres espirituales, líderes e influyentes, pero ¿ellos lo saben? ¿Con quién anhelarías tener una conversación sin obstáculos? ¿Con quién quizás necesites desnudar tu alma?

LA SALSA SECRETA DE LA TRANSFORMACIÓN

Todos están interesados en la salsa secreta de la transformación.

¿Cómo es que mientras algunos simplemente pasan por la vida, otros crecen a través de la vida, así como también crecen a través del liderazgo? Algunos han intentado resumirlo con la siguiente fórmula:

Cambio de lugar + cambio de ritmo =
cambio de perspectiva

Me encanta eso, pero sugeriría un elemento más. El cambio de perspectiva casi siempre ocurre en comunidad, es decir, con otras personas que nos moldean y nos hacen más profundos.

Cambio de lugar + cambio de ritmo + cambio de personas = cambio de perspectiva

Veamos más de cerca los elementos de esta receta para la transformación.

"Cambio de lugar" implica mudarse a un lugar real.

Puede ser una escapada de vacaciones, su cafetería favorita, o simplemente el sillón reclinable de cuero en tu propia casa. En el caso de grupos con los que he disfrutado, ese lugar a menudo resultó ser un retiro semestral en el suelo sagrado de una hermosa casa de montaña en Colorado.

"Cambio de ritmo" implica elegir deliberadamente estar quieto.

Algunas personas que conozco realmente le temen al silencio. Permiten que sus días se llenen de ruido de principio a fin. En nuestros retiros semestrales junto con un puñado de otras personas, regularmente "nos tomamos dos". Esa es la simple disciplina de disfrutar periódicamente dos minutos de silencio, incluso cuando estamos rodeados de líderes más conversadores.

"Cambio de personas" implica permitirte entrar en el mundo interno de los demás, y permitirles a los demás entrar en tu propio mundo.

Para algunos, esa es una experiencia aterradora y requiere coraje. Como escribió Brené Brown: "La raíz de la palabra coraje es *cor*, la palabra latina que significa corazón. En una de sus primeras formas, la palabra coraje tenía una definición muy diferente de la que tiene hoy. Coraje originalmente significaba 'decir lo que uno piensa, expresando todo el corazón'"[18]. Pocos de nosotros necesitamos estar rodeados de más personas; necesitamos rodearnos de las personas adecuadas: personas valientes.

La verdad es que fuimos diseñados para algo más que una actividad frenética interminable, e innumerables interacciones casuales. Fuimos creados para disfrutar de la vida en comunidad. No solo interacciones superficiales sino conexiones profundas. Este tipo de experiencias casi solo suceden intencionalmente. Alguien tiene que buscarlas y facilitarlas. ¡Y esa persona podrías ser tú!

LAS RELACIONES QUE ENRIQUECEN LA VIDA CAMBIAN LA VIDA

Tu vida nunca será más feliz ni más saludable que el círculo de amigos que te rodean y cuidan tu alma. En el *Journal of Happiness Studies* ("Revista de Estudios sobre La Felicidad") los investigadores estudiaron las diferencias entre las personas muy felices y las menos felices. Lo que encontraron no fue una diferencia en su éxito profesional, salud personal, coeficiente intelectual o incluso atractivo. La diferencia se debía enteramente a la presencia o ausencia de relaciones enriquecedoras de vida.

Robert Putnam escribe: "El hallazgo más común de medio siglo de investigación sobre la satisfacción con la vida, no solo en los Estados Unidos sino en todo el mundo, es que la felicidad se predice mejor por la amplitud y profundidad de las conexiones sociales de uno".[19]

Las conexiones de calidad no ocurren por casualidad. Tus relaciones están dónde están en este momento por causa de las semillas de amistad que has sembrado o no has sembrado. El salmista dijo: "Buscaré personas fieles para que sean mis compañeros" (Salmo 101:6 NTV). Esto significa que debemos tomar la iniciativa tanto en la adquisición de buenas amistades, como en el mantenimiento de ellas.

Las amistades requieren trabajo, pero trabajo creativo. Crecemos mejor con aquellos en quienes invertimos, y con quienes nos tomamos el tiempo de estar. Obtenemos conocimientos y aprendemos actitudes de aquellos a quienes permitimos que nos rodeen. Debemos estar dispuestos a tomar decisiones y hacer el trabajo, para lograr las relaciones enriquecedoras de vida que deseamos.

PREGUNTAS PARA REFLEXIONAR

¿Las personas que están en tu "mesa de influencia" saben el papel que desempeñan en tu vida?

¿Cómo describirías tus ritmos energizantes, tanto de actividades como de amistades?

¿Quién podría estar en la categoría de un padre espiritual sobre tu vida?

EL MODELO CONVERSACIONAL 4 D

Las 4D significan Deleite, Desánimo, Descubrimiento y Determinación. Reflexiona periódicamente y luego comparte ejemplos de cada uno. Será bueno para tu alma y profundizará tu conexión con otros.

Deleite: ¿Qué te ha estado provocando alegría y te ha animado recientemente?

Desánimo: ¿Qué ha sido recientemente perturbador, agotador o desalentador para ti?

Descubrimiento: ¿Qué ha sido especialmente esclarecedor o alentador para ti, de la Palabra de Dios y de este capítulo?

Determinación: ¿Qué te está impulsando Dios a seguir o a hacer, como resultado de procesar ideas de la Palabra de Dios y de este capítulo?

4

CULTIVA RELACIONES FUERTES

"NO PUEDE HABER VULNERABILIDAD SIN RIESGO;
¡NO PUEDE HABER COMUNIDAD SIN VULNERABILIDAD;
NO PUEDE HABER PAZ, Y A LA LARGA
NO HAY VIDA, SIN COMUNIDAD".

— M. SCOTT PECK

Gordon MacDonald comparte una historia sobre un rabino sentado en su estudio cuando lo interrumpió alguien tocando la puerta. Fue uno de sus estudiantes quien simplemente quería decirle cuánto lo amaba.

El rabino dejó su libro y miró por encima de sus gafas. y preguntó: "¿Qué me duele?"

El chico se quedó sin palabras. Finalmente respondió: "No se."

"¿Cómo puedes decir que me amas si no sabes lo que me duele?" respondió el sabio rabino.

De tal manera, ¿quién sabe qué te duele? ¿Quién sabe algo sobre tus angustias y el estrés de tu alma?

El trabajo del alma no es sólo un trabajo lento; el trabajo del alma es un trabajo compartido. Sin embargo, no todas las relaciones son creadas iguales, ni todas tienen el mismo nivel de responsabilidad para compartir de una manera profunda.

LAS RELACIONES FUERTES REQUIEREN AUTENTICIDAD

La conexión responsable y auténtica no es "talla única para todos". Si bien es importante ser auténtico con todos, existen niveles de autenticidad que debemos considerar, empezando por la honestidad y progresivamente llegando a la vulnerabilidad. Sin embargo, esa progresión sólo sucede a medida que aumenta la confianza. A medida que aumenta la confianza, aumenta la vulnerabilidad. A medida que disminuye la confianza, disminuye la vulnerabilidad.

La honestidad con todos es fundamental. Pero ser orador de la verdad no significa que todos tengan derecho a saber todo lo que los demás saben. Todas las relaciones que honran a Dios comienzan con honestidad; es un elemento esencial de autenticidad. Honestidad significa decir la verdad. Sin embargo, la honestidad no significa decirle toda la verdad a todo el mundo o, incluso a todos los vecinos o personas en la entrada de la iglesia. Honestidad con todos y amabilidad a todos, es bueno para todos nosotros.

Ésta es la base sobre la que se fundamentan todas las relaciones auténticas.

La transparencia se construye en la base de la honestidad. Viene después de que hayamos llegado a confiar en las credenciales y el carácter de una persona. Esto sucede mejor dentro de grupos pequeños. Ese es el espacio donde nos sinceramos sobre algunas de las luchas personales en nuestras vidas, sabiendo que estamos tan enfermos como nuestros secretos. Sin embargo, los secretos más vergonzosos están reservados para nuestras amistades más duraderas y los entornos más confidenciales.

LOS 3 NIVELES DE AUTENTICIDAD

CONFIANZA

VULNERABILIDAD
CON POCOS

CONFIANZA

TRANSPARENCIA
CON ALGUNOS

HONESTIDAD CON TODOS

La vulnerabilidad ocurre en las relaciones más estrechas y el más pequeño de los grupos. Ahí es cuando decidimos salir del escondite y compartir las cosas que pueden habernos perseguido durante años. O podría ser compartir nuestro mayor dolor o nuestros miedos más profundos. Es contarle a un colega una traición, o descargar nuestra ansiedad sobre el futuro. Estas relaciones son infrecuentes y deben ser cultivadas. Ellas no suceden accidentalmente; suceden intencionalmente.

Hay muchas razones válidas para tener cautela en las relaciones. Muchos han enfrentado traición, abandono o juicio personal. Lo creas o no, incluso Jesús fue cauteloso en la amistad. "Pero Jesús no confiaba en ellos porque sabía todo sobre la gente. No era necesario hablarle de la naturaleza humana" (Juan 2:24-25 NTV). Como el presidente Ronald Reagan dijo famosamente: "¡Confía, pero verifica!" Se trata de un sabio consejo, no sólo en asuntos exteriores, sino también en asuntos de relaciones personales.

Una vez construí una cerca con mi suegro. Mi esposa y yo vivíamos en una casa de esquina con nuestros tres hijos pequeños y activos. Aunque el dinero era muy escaso, reuní lo suficiente para comprar la madera y construir una valla resistente para mantener a nuestros pequeños revoltosos en el patio. Fueron necesarios algunos días de arduo trabajo, pero lo completamos juntos, ¡una pieza a la vez!

Una pieza a la vez es como se construyen tanto las vallas como las amistades. Se necesita mucho tiempo, pero las vallas sólidas y las amistades valen la pena. Como dijo una vez Kenny Rogers: "No puedes salir y hacer viejos amigos; ¡O los tienes o no los tienes!"

Las amistades de calidad y las relaciones profundas requieren el riesgo de la confianza. La confianza es como una valla: puede caer rápidamente pero sólo puede reconstruirse lentamente, si es que puede reconstruirse.

Lamentablemente, las relaciones rotas son muy comunes, incluso entre los creyentes. Tarde o temprano, todas las relaciones humanas serán afectadas por el estrés. Con el tiempo, los defectos siempre saldrán a la luz.

Es por eso que en Juan 2:24 se nos dice: "Pero Jesús no confiaba en ellos porque sabía todo sobre la gente". Oswald Chambers dijo sabiamente: "Nunca confíes en nada más que en la gracia de Dios dentro ti mismo, o dentro de otro".

Sólo Dios puede ser Dios para nosotros, digno del peso de nuestra absoluta confianza eterna. Este es el punto del Salmo 91:2 (NTV): "Esto yo declaro acerca del Señor: Sólo Él es mi refugio, mi lugar seguro; Él es mi Dios y en Él confío". Nadie más que Dios es capaz de ser perfecto, y Él es la única roca en la que podemos confiar 24 horas al día, 7 días a la semana, ahora y por siempre.

Nadie más será siempre perfecto, ni siquiera aquellos que ¡sinceramente buscan serlo!

Todos nos turnamos decepcionando a la gente. A veces es solo un descuido involuntario; otras veces puede ser una cuestión de traición deliberada. En su magistral libro *Let's Talk About Ministry Burnout* ("Hablemos de agotamiento en el ministerio"), el Dr. Wes Beavis me explicó la ciencia de la traición, citando el trabajo del psiquiatra Dr. Daniel Siegel. ¿Sabías que el cerebro agrupa el dolor de la traición en la misma categoría que el dolor de un hueso roto, o de un tratamiento de conducto? Él dice: "Así que, cuando ocurre una traición, tu cerebro la procesa como un trauma, como si la puerta de un carro se hubiera cerrado sobre tus dedos. La traición es dolo-rosa y la ciencia lo respalda, en la forma en que el cerebro la procesa."[20]

Las imperfecciones son inevitables. Sin embargo, hay una gran diferencia entre el estrés social que proviene de algo simple e inadvertido como "¡Vaya, olvidé devolverle la llamada!", y un patrón arraigado de autoprotección o engaño, o simplemente rechazo y traición.

Alguien me dijo una vez: "Te he mentido durante diez años, pero nunca más te mentiré". ¿Qué pasa si un hermano creyente viola severamente tu confianza y, después de ser descubierto, te dice eso? ¿Cómo responderías? Si bien podrías ofrecer sinceramente perdón, y deseas lo mejor para el hermano o la hermana, ¿podrías confiar rápida y plenamente en él de nuevo?

Todos hemos tenido nuestra parte de decepciones sociales y experiencias que destruyen la confianza. Me identifiqué con Aaron Brockett, pastor principal de la Iglesia Cristiana Traders Point en Indianápolis, cuando dijo en un podcast: "A veces me he enamorado demasiado de los dones de alguien y, por tanto, cegados ante su falta de carácter."[21]

Todos hemos aprendido por las malas que las relaciones sólo pueden construirse o reconstruirse lentamente. Hay que ganarse la confianza. Como el rey David escribió: "Buscaré personas fieles que sean mis compañeros" (Salmo 101:6 NTV).

Las relaciones sólo crecen a la velocidad de la confianza. Las mejores amistades carecen tanto de autopromoción como de autoprotección.

Hace cinco años yo estaba en un grupo de pacto que profundizó rápidamente. Si bien todos nos conocíamos desde antes, nuestras relaciones crecieron mucho más allá de cualquier cosa que hubiéramos experimentado juntos antes. Llegó al punto en que no teníamos secretos.

Respiramos el infrecuente aire de confianza. Uno de los hombres cerró nuestro recorrido de tres años de cuidado del alma diciendo: "¡No puedo creer que haya tenido que pasar hasta mis sesenta años para finalmente experimentar algo como esto!"

Nunca es demasiado pronto (y nunca es demasiado tarde) para empezar o comenzar de nuevo, construyendo relaciones de confianza, una pieza a la vez.

Debemos tener cuidado con las relaciones cercanas porque la confianza se gana. Sin embargo, con el tiempo llegamos a reconocer a quienes Dios ha enviado a nuestro camino para enriquecernos e iluminarnos. Ninguno de nosotros tiene todos los dones espirituales dentro de nosotros; sin embargo, la buena noticia del Salmo 23 es que el Señor es nuestro Buen Pastor, ¡y Él promete darnos todo lo que necesitamos!

LAS RELACIONES FUERTES REQUIEREN DEVOCIÓN

Una vez más, no puedes dirigir a nadie hacia donde nunca has estado, ¡o donde no estés yendo por ti mismo! El recorrido de la transformación es un recorrido que dura toda la vida y que también es compartido.

Como dice el proverbio africano: "Si quieres ir rápido, ve solo; si quieres llegar lejos, ¡vayan juntos!" El cristianismo se trata de comunidad; por lo tanto, el liderazgo cristiano y el discipulado son todo sobre construir y disfrutar de la comunidad, también.

Una de las claves para entender la comunidad de la primera Iglesia es una palabra que a menudo se pasa por alto en nuestra cultura: la palabra *devoción*. En nuestra cultura, pocos se son devotos a algo o a alguien, más allá de ellos mismos. Eso lo vemos en la movilidad de la cultura en general, la ruptura de la familia, la desintegración de las comunidades, e incluso la falta de lealtad hacia las congregaciones locales.

Las congregaciones están cada vez más compuestas por simples asistentes y consumidores ocasionales. Rara vez alguien habla de su iglesia local como su iglesia hogar. Ciertamente no como el lugar dónde pertenecen. En cambio, se hace referencia casual como el lugar donde asisten actualmente.

Incluso como líderes, cuando nos acordamos acerca de las personas que no hemos visto por un tiempo nos preguntamos: "¿Dónde están asistiendo?" Por el contrario, el modelo de la iglesia del Nuevo Testamento no era simplemente asistir a una comunidad devota, sino pertenecer a una comunidad devota: "Se dedicaban ... a la *comunión fraternal* ... Todos los creyentes *se reunían* en un mismo lugar y *compartían todo lo que tenían* ... *compartían sus comidas con gran gozo y generosidad, todo el tiempo alabando a Dios y disfrutando de la buena voluntad de toda la gente.*" (Hechos 2:42–47 NTV, con énfasis mío).

En el idioma griego, la palabra koinonia significa "comunión fraternal" o "comunidad" y la comunidad es la clave para la plenitud de vida. El padre, El Hijo y el Espíritu estaban en perfecta comunidad antes del principio del tiempo. Hemos sido redimidos para disfrutar de la comunidad con el Señor y Su pueblo, tanto por el tiempo como por la eternidad.

Por eso la frase "unos a otros" aparece cincuenta y nueve veces en las escrituras.

- Debemos amarnos unos a otros (1 Juan 3:11).
- Debemos instruirnos unos a otros (Romanos 15:14).
- Debemos animarnos unos a otros (1 Tesalonicenses 5:11).
- Debemos estimularnos unos a otros a hacer buenas obras (Hebreos 10:24).
- Debemos regocijarnos y llorar unos con otros (Romanos 12:15).
- Debemos perdonarnos unos a otros (Efesios 4:32).
- Debemos confesar nuestras faltas unos a otros (Santiago 5:16).
- Debemos orar unos por otros (Santiago 5:16).

Es evidente que estamos mejor juntos. Pertenecemos juntos, como colaboradores con Cristo y unos con otros. En su carta personal a la iglesia en Filipos, el apóstol Pablo se refiere a los líderes y a los demás como colaboradores. Luego, varias veces incluso usa el término *compañeros de yugo*.

¿De dónde sacó Pablo esta palabra? La obtuvo de Jesús. Jesús ordenó: "Pónganse mi yugo" (Mateo 11:29 NTV). Nosotros nos inclinamos voluntariamente ante nuestro Señor. Le permitimos poner su yugo sobre nosotros. El yugo de Cristo representa su autoridad, su carácter, su misión.

El yugo de Cristo nos une a todos mientras caminamos en la misma dirección. Sólo seremos tan fuertes como el equipo con el cual compartimos un yugo y con el que estamos unidos. Es un principio sinérgico que puede ser ilustrado de esta manera:

En un concurso de caballos de tiro en Canadá, se reunieron los mejores caballos de tiro de la comunidad, y se hicieron apuestas. El caballo que obtuvo el primer lugar ganó la jornada arrastrando nueve mil libras, seguido de cerca por el que quedó en segundo lugar, con solo un poco menos de esa cantidad. Entonces, a alguien se le ocurrió una idea brillante: ¿Qué pasaría si los caballos trabajaran en equipo y arrastraran peso juntos? ¿Qué sucedería en ese caso?

La gente estaba intrigada y emocionada, por lo que las apuestas se hicieron y el evento se puso en marcha. Para sorpresa de todos, los dos caballos que antes habían tirado nueve mil libras cada uno, ahora, trabajando juntos, ¡arrastraron treinta mil libras!

¿Desde cuándo nueve más nueve son treinta? Desde siempre. Es el principio sinérgico: la suma es mayor que sus partes individuales!

Al final, no se trata sólo de lo que haces, a dónde vas, o cuánto logras en la vida. Se trata de con quién vas. ¿Podría Dios estar llamándote a ser un catalizador para una comunidad más profunda? ¿Podría haber una nueva oportunidad comunitaria con tu nombre en ella?

Considera esto: ¿qué pasaría si algunos de los mejores amigos que alguna vez hayas tenido, aún no los has conocido? Ahora, para algunos que leen esto, la vida en comunidad da miedo. Lo entiendo. Te contaré un secreto. ¡Cada vez que yo catalizo otro grupo, me pregunto si va a funcionar! Sin embargo, cada vez que enfrento mi miedo y trabajo para unir a otros, ¡Dios aparece en medio de todo!

LAS RELACIONES FUERTES REQUIEREN INTENCIONALIDAD

Esto es lo que sabemos gracias a décadas de programación en la iglesia: los programas de la iglesia no producen transformación. Aquí está lo que sí sabemos del modelo de Jesús: la transformación ocurre a propósito, a lo largo del tiempo y en comunidad.

A PROPÓSITO   *CON EL TIEMPO*

TRANSFORMACIÓN

EN COMUNIDAD

- A propósito
- Con el tiempo
- En comunidad

Es por eso que los grupos pequeños intencionales como los grupos de pacto son tan impactantes. El cuidado del alma no es una técnica sino un arte disciplinado que requiere facilitación. Recuerda: si no tiene liderazgo, no durará. Un círculo de cuidado del alma enriquecedor de vida requiere todo lo siguiente:

- Consistencia
- Confidencialidad
- Candidez
- Cuidado

La transformación no se puede reducir a una fórmula rígida. Ni siquiera con un recurso útil, o el último libro más vendido de devocionales basados en la Biblia. Lo que todos necesitamos es bajar la velocidad y aceptar el proceso. Un proceso que ocurra intencionalmente, a lo largo del tiempo, y en comunidad.

David Benner ha escrito un libro profundo titulado *Sacred Companions: The Gift of Spiritual Friendship and Direction* ("Compañeros Sagrados: el don de la amistad y la dirección espiritual"). Él dice: "El hambre de conexión es uno de los deseos más fundamentales del corazón humano...en el centro de nuestro ser, anhelamos intimidad. Queremos que la gente comparta nuestras vidas. Queremos amigos del alma...sin embargo, paradójicamente, lo que anhelamos más profundamente, también lo tememos."[22]

Benner llama a estos aliados especiales "compañeros sagrados" o "amigos espirituales". Él dice: "Si estás logrando un progreso significativo en el camino transformador de la espiritualidad cristiana, tienes una o más amistades que apoyan ese recorrido. Si no lo haces, no lo eres. Es así de simple."[23]

Todo el mundo está de acuerdo en que cultivar este tipo de relaciones profundas es vital; por lo tanto, la mayoría planea hacerlo ... el próximo año. ¡Mi misión es desafiar a las personas a hacer que el próximo año sea este año!

Dwight L. Moody dijo una vez: "La preparación para la vejez no debe comenzar más tarde de la adolescencia. Una vida que está vacía de propósito hasta los 65 años, no se llenará repentinamente al jubilarse".

Las amistades que enriquecen el alma deben encontrarse más pronto que nunca. Todos necesitamos amistades vitales que nos conozcan bien.

Y las necesitamos ahora.

¿Podría tu vida estar más cerca de ser mejor, con tan sólo a una llamada o un correo electrónico? ¡Sí, claro! No hay mejor momento que ahora para tomar alguna iniciativa relacional. Entonces, ¿a quién conoces que podría estar listo y dispuesto a enriquecerte y a ser enriquecido por ti?

Las relaciones sanas y satisfactorias son esenciales para una vida sana y una ¡vida plena!

LAS RELACIONES FUERTES REQUIEREN TIEMPO

El crecimiento espiritual, al igual que el crecimiento físico, lleva tiempo. En el libro clásico de M. Robert Mulholland *Invitation to a Journey: a Road Map for Spiritual Transformation* ("Invitación a un viaje: una Hoja de ruta para la transformación espiritual"), encontré esta reveladora definición: "La formación espiritual es un proceso de ser formado en la imagen de Cristo por el bien de los demás."[24]. En otras palabras, el crecimiento no ocurre de la noche a la mañana; solo sucede con el tiempo.

Escuché a Paul Young, autor de *The Shack* ("La Cabaña") decir que él no podría haber escrito esa notable historia (que era su propia historia de abuso), hasta después de los cincuenta años. Habló sobre la necesidad de ir más allá del falso yo. El alma sana requiere dejar de lado tanto la autopromoción como la autoprotección. Para Pablo Young llegar a ese punto, requirió un arduo trabajo de intensa conversación y comunidad profunda. Lo mismo será cierto para todos los que verdaderamente desean la transformación del corazón.

Dallas Willard aconsejó una vez a John Ortberg: "Debes eliminar implacablemente las prisas de tu vida". En *The Life You've Always Wanted* ("La vida que siempre has querido"), Ortberg habla de un amigo que también recibió una revelación similar de Dallas. Dallas le preguntó a Bill: "¿Si tuvieras una palabra para describir a Jesús cuál sería?" Se mencionaron varias palabras, como maestro, Señor y compasivo. Entonces. Dallas ofreció su propia palabra. Fue simplemente *relajado*.[25]

Tengo un largo camino por recorrer para llegar a ser más como Jesús. Como advirtió Milton una vez:

"No dejes que satanás te tiente a estar en una situación donde andas con prisa por cualquier cosa".

Hace muchos años, Samuel Chadwick escribió: "La prisa es la muerte de la oración". A eso añadiría que la prisa es la muerte de la profundidad. Se ha observado que se tarda un promedio de siete minutos en llegar a hablar en profundidad; sin embargo, ¡nos interrumpen cada tres minutos!

¿Cuándo fue la última vez que disfrutaste de una conversación cara a cara, relajada y sin prisa, con alguien que valoras y confías? A menudo, cuando hago estas preguntas, veo un poco de tristeza pasar por la cara mientras la persona se enfrenta a la escasez de relaciones sinceras y enriquecedoras para el alma en sus vidas.

Durante los cierres de COVID, se cancelaron innumerables reuniones. Un líder dijo: "Le dije a mi esposa que no estoy seguro de poder aguantar un año más, simplemente conectándome vía Zoom. ¡Extraño estar con las personas!" Es el mismo clamor del corazón que leemos en 3 Juan 14 (NTV): "Porque espero verte pronto y luego hablaremos cara a cara".

Las conversaciones prolongadas son esenciales para la transformación de la vida y de las relaciones.

LAS RELACIONES FUERTES REQUIEREN SER CULTIVADAS

Las amistades de calidad deben ser cultivadas. Esto fue confirmado en *The Power of Moments: Why*

Certain Experiences Have Extraordinary Impact ("El poder de los momentos: por qué ciertas experiencias tienen un impacto extraordinario") de Chip y Dan Heath.[26] Los autores citan un estudio en el que estudiantes universitarios en una clase de psicología se ofrecieron como voluntarios para estar emparejados con extraños.

A cada par de estudiantes, se les dieron varias docenas de preguntas para sacar de un sobre. El ejercicio se dividió en tres rondas de quince minutos cada una. Al final del experimento de cuarenta y cinco minutos, realizaron una encuesta sobre la intimidad de sus relaciones con las personas más cercanas a ellos. Lo que sorprendió al equipo de investigación es que, después del experimento, ¡el 30 por ciento de los estudiantes ahora se sentían tan cerca de un extraño, como de aquellos con quien tenían más intimidad en sus vidas! ¡Eso fue después de apenas cuarenta y cinco minutos!

¡Se ha dicho que la clave es la pregunta! Si eso es cierto, treinta y seis preguntas exploratorias! Las preguntas fueron desarrolladas por un equipo de investigadores que habían pasado décadas investigando, cómo se forman las relaciones de conexión y de amor. Un patrón clave es la creciente reciprocidad, que se refiere a cómo las relaciones cercanas progresan y son sostenidas.

Aquí están mis favoritas, con cada una de los cuales hice prueba de campo con mi propia esposa. Sorprendentemente, algunas de estas condujeron a algunos descubrimientos para mí, incluso después de ¡cincuenta años juntos!

Grupo 1

- Dada la posibilidad de elegir a cualquier persona en el mundo ¿a quién te gustaría invitar a cenar?
- ¿Qué constituye un día "perfecto" para ti?
- Si pudieras despertar mañana habiendo ganado cualquier cualidad o habilidad, ¿cuál sería?

Grupo 2

- ¿Cuál es el mayor logro de tu vida?
- ¿Cuál es tu recuerdo más preciado?
- ¿Cuál es tu recuerdo más terrible?

Grupo 3

- Comparte con tu pareja un momento vergonzoso en tu vida.
- Si murieras esta noche, sin oportunidad para comunicarte con alguien ¿de qué te arrepentirías de no haberle contado? ¿Por qué aún no se lo has dicho?
- Imagina que tu casa, con todo lo que posees, se incendia. Después de salvar a tus seres queridos y mascotas, tienes tiempo para

hacer una última carrera segura para salvar cualquier cosa ¿Qué podría ser? ¿Por qué?

Hace unos años mi palabra para el año era *momentos*. A veces, eso me impulsaba a preguntar a mis amigos: "Si este fuera el último momento que hayamos tenido juntos, ¿hay algo que todavía no hemos dicho que debería decirse? Vaya, eso provocó algunas conversaciones interesantes.

Después de uno de mis retiros, me di cuenta de que había estado corriendo contra el reloj. Una de las razones por las que a veces me esforzaba tanto estaba arraigada en mi preocupación de lograr hacer todo, en caso de que pudiera ser mi última oportunidad. Cuando se lo conté a mi esposa, ella rápidamente dijo: "Si este fuera el último momento, mejor que sea un momento relajado".

Todos sabemos lo que es correr por la vida, perdiendo los momentos más significativos mientras se desarrollan. El trabajo del alma es un trabajo lento.

Considera esto: ¡el momento presente puede ser el momento divino!

PREGUNTAS PARA REFLEXIONAR

¿Te ha resultado más difícil dejar de lado la autopromoción o la autoprotección?

¿Cómo te ha herido recientemente una persona tóxica? O, ¿Cómo una persona de confianza te ha bendecido recientemente?

¿Te describirías como una persona apresurada, o más relajada?

EL MODELO CONVERSACIONAL 4 D

Las 4D significan Deleite, Desánimo, Descubrimiento y Determinación. Reflexiona periódicamente y luego comparte ejemplos de cada uno. Será bueno para tu alma y profundizará tu conexión con otros.

Deleite: ¿Qué te ha estado provocando alegría y te ha animado recientemente?

Desánimo: ¿Qué ha sido recientemente perturbador, agotador o desalentador para ti?

Descubrimiento: ¿Qué ha sido especialmente esclarecedor o alentador para ti, de la Palabra de Dios y de este capítulo?

Determinación: ¿Qué te está impulsando Dios a seguir o a hacer, como resultado de procesar ideas de la Palabra de Dios y de este capítulo?

5

APRENDE LOS RITMOS DE LA GRACIA

"ESTO ES LO QUE DICE EL SEÑOR:
'PAREN EN LA ENCRUCIJADA Y MIREN ALREDEDOR.
PREGUNTEN POR EL CAMINO ANTIGUO Y DE DIOS,
Y CAMINEN EN ÉL. RECORRAN SU CAMINO,
Y ENCONTRARÁN DESCANSO PARA SUS ALMAS' ".

— JEREMÍAS 6: 16

Confesión verdadera.

He sido un adicto a la aceptación y he pagado un precio alto. El deseo de aceptación a veces me ha llevado a niveles ridículos de desempeño, a través de agradar a las personas y buscar su aprobación. No he querido decepcionar a nadie. He querido que todos sean felices conmigo. y que admiren mis esfuerzos por servirles a ellos y a los demás. Incluso, he sacrificado a mi familia, mi tiempo libre y mi salud, al servicio de otros.

No todo lo que he hecho en el liderazgo ministerial siempre ha sido completamente noble. En mis primeros años de ministerio pasé también muchas noches visitando a las familias de la iglesia, en lugar de disfrutar de la mía. A veces tenía miedo de contestar el teléfono cuando estaba en casa, por miedo a las críticas de que debería haber estado sirviendo a la Iglesia. Durante demasiados años y de muchas maneras, he estado impulsado y agobiado en mi búsqueda de servir y agradar al pueblo de Dios.

Todo esto se me vino encima en un retiro de hombres, hace unos años atrás. No tenía idea en lo que me estaba metiendo cuando, poco después de mi llegada, uno de los anfitriones me entrevistó en privado y me hizo una pregunta introspectiva.

"¿En qué quieres trabajar mientras estás aquí?"

No esperaba una pregunta tan seria, así que de repente admití algo vergonzoso.

"Quiero sentir más el amor y la aceptación de Dios".

¡A veces incluso yo mismo me asombro por lo que me escucho decir! En ese momento, aunque era cierto, sonaba inmaduro y necesitado, especialmente para un líder cristiano de sesenta y seis años.

Luego empeoró. Me dieron un papel grande y marcadores de colores como si fuera un niño pequeño y me pidieron que dibujara algo representando cómo me sentía. Al principio me frustró e irritó. No tenía idea de qué dibujar, cuando de repente una imagen me vino claramente a la mente. Está cementado en mi mente desde que lo veo cada día en mi escritorio.

Hace algunos años, recibí un premio especial junto con el regalo de un hermoso artículo elaborado en mármol y cristal. Representaba un hombre empujando una roca enorme por una colina empinada. Muchos de ustedes recordarán el mito griego de Sísifo y cómo fue condenado a empujar una roca cuesta arriba, y cada vez que se acercaba a la cima, la roca volvía a rodar cuesta abajo.

Tan pronto abrí la caja y vi la figura, resonó conmigo. Así me sentía. Tenía que seguir empujando las cargas pesadas de la vida o, de lo contrario, me aplastarían. No podía detenerme. No podía parar. No podía relajarme. Tenía que seguir empujando.

Ahora bien, algo de esto tiene sus raíces en la antigua ética laboral protestante, y definitivamente en mi familia de origen. Crecí en una casa fuertemente cristiana, pero los tiempos eran difíciles. Mi papá siempre temió perder su trabajo y visiblemente cargó con el peso de ello. Mi mamá, preocupada por el trabajo de mi papá y por todo lo demás también. Crecí respirando el aire de gran ansiedad. El mensaje que interioricé fue que nunca podría dejar de preocuparme, ni dejar de trabajar. Nunca podría realmente cesar, o detenerme, o relajarme.

El obstáculo para mí fue la presión implacable para desempeñarme. Como resultado de la roca pesada, a menudo me culpaba por no haberlo hecho, no ser lo suficientemente bueno, o no trabajar lo suficientemente duro. Incluso, culpé a mi esposa y algunos otros por no entenderme o apoyarme lo suficiente. Al final, culpé a Dios por darme tal carga pesada para empujar.

Se ha dicho que culpar parece estar programado en la mayoría de nosotros. Es una forma rápida de descargar el dolor. Bueno, eso no lo excusa, pero ayuda a explicarlo. Yo estaba empujando un montón de dolor emocional, mientras luchaba porque mi desempeño no era suficiente.

Lo que finalmente se me ocurrió fue que, la roca del desempeño fue el peso aplastante que Dios nunca planeó que yo pudiera soportar. En realidad, esa roca, que representa todo el quebrantamiento y pecado de mi vida y de la vida de quienes me rodean, en realidad fue el peso aplastante que cayó sobre Cristo. Isaías 53 dice que "Pero él fue traspasado por nuestras rebeliones y aplastado por nuestros pecados." y "era el buen plan del Señor aplastarlo y causarle dolor" (Isaías 53:5, 10 NTV).

Fue entonces cuando la imagen que dibujé quedó completa, y al final de mi retiro me imaginé un crucifijo bajo la enorme roca. En ese momento en que lo miré, me di cuenta de que mis esfuerzos de lograr todo nunca serían suficientes para ser aceptable ante Dios. Solo Cristo podría lograr eso en la cruz. Él fue quien murió para completarlo.

Esta fue una experiencia profunda para mí. Como la he compartido con otros, he descubierto que a menudo les resuena poderosamente a ellos también. Estoy aprendiendo que no soy el único que siente a menudo que está empujando un peso imposible cuesta arriba.

¿CUÁL ES TU ROCA DE DESEMPEÑO?

Uno de mis amigos cercanos es administrador de patrimonios. El compartió cómo su "roca de desempeño" representa un par de cientos de carteras de inversiones, que gestiona para sus clientes. Él vive diariamente con la angustia de que si aconseja a todos sus clientes que permanezcan en el mercado cuando éste se desplome, ellos podrían recibir una "paliza". Por otro lado, si aconseja cautelosamente a sus clientes a que adopten una postura conservadora, y que mantengan posiciones fuertes en efectivo cuando el mercado se dispare, él les falla.

Después de que Dave compartiera esta foto con su esposa Ángela, ella dijo: "Bueno, Dave, mi cartera de inversión es el bienestar de nuestras hijas. Si a ellas no les va bien, ¡a mí no me va bien! Todos tienen una especie de cartera de preocupaciones. Cada uno tiene una roca que de alguna manera está empujando.

EMPUJANDO LA ROCA

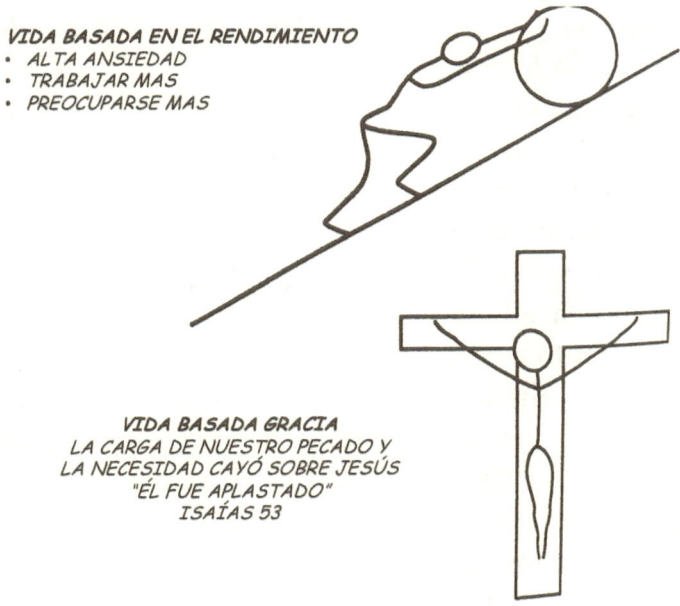

VIDA BASADA EN EL RENDIMIENTO
- *ALTA ANSIEDAD*
- *TRABAJAR MAS*
- *PREOCUPARSE MAS*

VIDA BASADA GRACIA
LA CARGA DE NUESTRO PECADO Y
LA NECESIDAD CAYÓ SOBRE JESÚS
"ÉL FUE APLASTADO"
ISAÍAS 53

En mi primer ministerio de tiempo completo, los líderes escribieron mi piedra de desempeño en los estatutos. Seis parejas me llamaron para dirigir la plantación de una iglesia después de haberse separado de otra iglesia por un conflicto con el ministro. Decidieron que el líder de la nueva iglesia (yo), tendría que desempeñarse bien para poder permanecer.

Se determinó que, una votación congregacional anual de aprobación se requeriría. ¡Un voto de dos tercios! Ahora, cada pastor nuevo pronto se dio cuenta de que la probabilidad de mantener feliz a toda la congregación al mismo tiempo es imposible. Incluso, la gran mayoría. Esto significó que, además de ver que gente nueva se estaba agregando rápidamente a la iglesia, yo también tenía que complacer a la gente que ya formaba parte de la congregación. Ambos fueron esenciales para pagar las cuentas y mantener mi trabajo.

Su bienintencionada acción sólo terminó reforzando lo peor de mi ansiedad por el desempeño. Aunque la iglesia crecía de manera saludable, ese crecimiento implicaba un costo elevado. No se sentía bien en mi alma. Trabajaba sin descanso, convencido de que mi llamado era convertirme en una máquina ministerial de alto rendimiento. No temía perder mi salvación, pero sí me aterraba perder mi trabajo.

Uno de los ancianos me hizo un letrero lleno de humor para mi oficina: "Aquí tengo un puesto de mucha responsabilidad, ¡cada vez que algo sale mal, soy yo el responsable!" Todos se rieron de él. ¡Yo lo internalicé!

Todo líder siente a veces que está impulsando algo cuesta arriba. Aquellos que son Tres en el Eneagrama, llamados también "Triunfadores", pueden resonar especialmente con esto.

Aquellos con un perfil como el mío hacen muchísimo y se sienten orgullosos de hacerlo. En el libro *The Road Back to You* ("El camino de regreso a ti"), claramente me vi a mí mismo. "Al principio de la vida, los Tres [personas como yo] aprenden este mensaje hiriente: 'Eres lo que haces'. Como resultado, se vuelven máquinas de logros de alto rendimiento, esforzándose por sobresalir y ser reconocidos por sus logros, porque estos constituyen la base de su identidad."[27]

Tyler Zach comparte muchas ideas útiles en su libro *The Gospel for Achievers* ("El evangelio para triunfadores"). "¿Te resulta frustrante cuando eres incapaz de lograr todo lo que deseas que se haga? Mientras los "triunfadores" son capaces de lograr mucho, rara vez están satisfechos con los resultados, por lo que persiguen la satisfacción, y la esperanza de descansar del trabajo, puede parecer lejana en el horizonte."[28]

Ese mismo libro me recordó que nuestra lápida probablemente no registre nuestros logros. En realidad me obligó a reflexionar sobre mi propia lápida. Escribí lo que más anhelo escuchar: "Bien hecho, buen y fiel siervo".

La realidad es que la mayoría de las personas resumirá nuestras vidas en una oración…¡o menos! Eso es más que aleccionador, ya que a todos nos gustaría ser recordados por mucho más. Esto es especialmente cierto para aquellos de nosotros que nos especializamos en vivir la vida con una larga lista de tareas pendientes todos los días.

Este es un territorio peligroso. Mientras que la gente como yo puede conseguir hacer mucho y estamos orgullosos de hacerlo, en nuestro empuje incansable a menudo perdemos el equilibrio.

Empujar a los demás conduce a dañar amistades. Esforzarnos conduce al agotamiento personal. Sé de ambos.

Establecer altos estándares de desempeño para nuestro personal no siempre los inspira. Les molesta y frustra. Establecer siempre altas expectativas para mí, a menudo elevaban mis propias ansiedades sobre no estar a la altura.

Simplemente no podía dejar de lograr más, o preocuparme por no poder lograrlo. En un momento mi médico me desafió.

Él dijo: "¿Cuándo vas a hacer algo con respecto al estrés que llevas? ¡Esto no es bueno para ti!"

A lo que respondí sarcásticamente: "Sólo porque te levantaste del lado equivocado de la cama, ¿por qué te desquitas conmigo?"

Él no se rió de eso, sino que dijo: "Te amo y quiero lo mejor para ti, y no esto no lo es".

Poco después, me diagnosticaron una fisura en un hueso. Mi esposa insistió en que me hiciera una prueba de densidad ósea. Los doctores estuvieron de acuerdo con mi esposa, como suele hacer la mayoría de la gente, y descubrí que también tenía osteoporosis severa en gran parte de mi cuerpo. ¿Sabes a quienes les da eso? ¡Fumadores empedernidos, bebedores, y octogenarias post-menopáusicas! Yo no era nada de lo anterior. Sin embargo, más tarde aprendí del libro *The Heartmath Solution* ("La solución matemática del corazón"), que el cortisol, la hormona del estrés, agota el calcio de los huesos y es un precursor de la osteoporosis. "Se ha demostrado que los niveles crónicamente elevados de cortisol perjudican la función inmune, reducen utilización de glucosa, aumentan la pérdida ósea y promueven la osteoporosis, reducen la masa muscular, inhiben el crecimiento y la regeneración de la piel, aumentan la acumulación de grasa (especialmente alrededor de la cintura y las caderas), perjudican la memoria y el aprendizaje, y destruyen las células cerebrales."[29]

Puedo identificarme con todo lo anterior y por eso me convencí de hacer un cambio. Durante años, cuando se trataba de estrés, me enorgullecía poder llevar mucho peso. Muchos se preguntaban cómo llevé tan bien tanta responsabilidad. Francamente, yo también me preguntaba. Me preguntaba cómo podía salirme con la mía en mi adicción al desempeño. Bueno, no me salí con la mía.

AL SUELO POR LA GRACIA, LITERALMENTE

En el retiro de Hombres en la Cruz esto me quedó claro, cuando literalmente terminé en el suelo. Después que mis nuevos amigos escucharon algo de mi historia, me sorprendieron con una intervención. Me vendaron los ojos y me colocaron con cuidado sobre, lo que rápidamente me di cuenta que era, una gran cruz de madera. Una a una, piedras fueron colocadas sobre mi espalda. Cada una de las piedras tenía palabras escritas en ellas, algunas de ellas mis propias palabras de desempeño. Mientras las piedras se amontonaban, mis emociones también lo hicieron. De repente estaba lleno de lágrimas, sollozando incontrolablemente, con mocos fluyendo libremente.

Los sabios a mi alrededor y sobre mí, dejaron que las emociones corrieran su curso. Luego, cada uno se turnó para quitar las piedras. Mientras lo hacían, me bendecían con palabras liberadoras de aceptación. Me recordaron repetidamente la gracia de Jesús y su aceptación por mí. ¡Una aceptación no basada en mi desempeño sino en el suyo!

Hay un viejo himno de James Proctor, que solo recientemente descubrí, titulado "Está terminado" Las palabras que especialmente me atraparon y me convencieron fueron: "Deja tu acción mortal abajo, a los pies de Jesús. Párate solo en Él, gloriosamente completo."

Desde ese día en el suelo, he usado a menudo un crucifijo. No una cruz, un crucifijo. Uno como el que los amigos de mi infancia católica romana solían llevar, o colgar en el espejo retrovisor en Chicago. Lo creas o no, una vez pensé que era casi herético que niños buenos y protestantes como yo veneraran un crucifijo. Después de todo, ¡no adoramos a un héroe muerto sino a un Señor vivo! Eso es cierto; sin embargo, ¡ahora el crucifijo me recuerda que la posición de Salvador ha sido tomada!

Ahora entiendo a un nivel más profundo que nunca que soy amado aparte de lo que hago. Soy aceptado independientemente de cómo me desempeñe. Soy perdonado y libre de culpa, aparte de cualquier cosa que pueda merecer. Todo se debe a lo que Cristo ha hecho por mí.

Todo vuelve a lo que Cristo hizo en la cruz. Jesús vino a declarar que por la fe en Él somos aceptados por Dios. Como está claramente registrado en Juan 6:29 (NTV): "La única obra que Dios quiere que hagan es que crean en quien él ha enviado". Y como el apóstol Pablo, un ex fariseo de alto desempeño, compartió: "Todo el que cree en Él es hecho justo a los ojos de Dios, algo que la ley de Moisés nunca pudo hacer" (Hechos 13:39 NTV).

¡Cómo es posible que algo que se repite con tanta frecuencia en las Escrituras, se les olvide con tanta frecuencia a las personas que lo leen a diario! Tiene algo que ver con nuestra incapacidad para internalizar la verdad. Todos luchamos con la aplicación de nuestra teología. Por eso tengo que seguir recordando que la gracia no se opone al esfuerzo; la gracia es opuesto a ganar. Trabajar y servir puede ser noble y honrar a Dios cuando se hace con Dios y no simplemente por agradar, ya sea a Dios o las personas.

Ahora veo que el amor es aceptación. Por razones que no puedo explicar completamente, me instaron a parafrasear este pasaje familiar sobre el amor, simplemente insertando la palabra *aceptar*, *aceptado* o *aceptación* cada vez que se hacía referencia al amor. Cuando hice eso, el texto cambió de palabras negras en una página blanca, a palabras que saltan de la página. De tal manera, este es 1 Juan 4:7–12 parafraseado:

Queridos amigos, sigamos *aceptándonos* unos a otros, porque la *aceptación* viene de Dios. Cualquiera que *acepta* es un hijo de Dios y conoce a Dios. Pero cualquiera que no *acepta*, no conoce a Dios, porque Dios es *aceptación*.

Dios mostró cuánto nos *aceptó* al enviarnos su unigénito Hijo al mundo para que tengamos vida eterna a través de Él. Esto es *aceptación* real, no que nosotros *aceptamos* a Dios, pero que Él nos *aceptó* y envió a su Hijo como sacrificio para quitar nuestros pecados.

Queridos amigos, dado que Dios nos *aceptó* tanto, seguramente deberíamos *aceptarnos* unos a otros. Nadie nunca ha visto a Dios. Pero si nos *aceptamos* los unos a otros, Dios vive en nosotros, y su *aceptación* se expresa plenamente en nosotros.

¡Te reto a leer ese pasaje con las palabras de aceptación nuevamente en voz alta, a alguien que amas! Se ha dicho que nunca nadie cambia, ¡a menos que alguien lo acepte primero! La aceptación es el regalo que Dios nos da a través de Jesús, y la aceptación es el regalo que damos a los demás a través de la gracia que nos ha sido dada a nosotros. Aquí están los pasos:

1. Acepta que eres totalmente aceptado, no por tu desempeño sino por el de Cristo.
2. Celebra el don de la aceptación de Dios, admitiendo tu necesidad desesperada de Su gracia.
3. Acepta las imperfecciones de los demás cercanos a ti, así como te gustaría que aceptaran las tuyas.

ACEPTA LA GRACIA PARA PODER DAR GRACIA

He sido adicto a ganarme la aceptación; ahora, por la gracia de Dios, me estoy volviendo devoto a *extender* la aceptación. La realidad es que cuando me siento aceptado quiero que la aceptación fluya de mí, especialmente con las personas más cercanas a mí. Sin duda, eso es cierto para usted también.

Cuando interiorizamos las buenas nuevas de la gracia, aplicándolas primero a nosotros mismos, eso nos cambia. Como dijo el salmista: "Oí una voz desconocida que decía: 'Ahora quitaré la carga de tus hombros; liberaré tus manos de las tareas pesadas. Clamaste a mí cuando estabas en apuros, y yo te salvé'" (Salmo 81:5–7 NTV).

Se ha dicho que lo más personal se convierte en lo más universal. Y una investigación reciente sobre el cerebro muestra que el uso de palabras para expresar sentimientos crea conexiones. Una de las habilidades clave de los líderes más exitosos en los negocios y el ministerio, es la capacidad de saber lo que ellos y los demás sienten en el momento.

Como he compartido mi historia de desempeño personal usando palabras que expresan sentimientos como "fractura por estrés" y "aplastamiento", muchos se han identificado conmigo. Algunos incluso han empezado a llevar ellos mismos un crucifijo como recordatorio de que el logro final es de Cristo, no de nosotros. Nuestra necesidad es depender diariamente del amante de nuestra alma para Su fortaleza. Otros han compartido el mensaje con sus familias, como ellos personalmente los bendicen. Después de que uno de los pastores jóvenes en un grupo de pacto lo compartió con su esposa, ella luego lo sorprendió con un regalo especial para el Día del Padre. Era una placa hecha a mano de una cruz con las palabras "La posición de Salvador no está vacante ¡Jesús es suficiente!"

¿Cómo podría ser este el mensaje de Dios para usted? Poco después de mi ruptura personal, que condujo a un descubrimiento de aceptación, encontré un libro útil. Animamos a todos nuestros grupos a utilizarlo, y puede leerse enteramente en sólo cuarenta y nueve minutos.

El libro es *One Word That Will Change Your Life* ("Una palabra que cambiará tu vida"), por Dan Britton, Jimmy Page, y Jon Gordon.[30]

Los autores sostienen que el establecimiento de metas rara vez funciona; sin embargo, simplemente centrarse en una palabra es más eficiente. Esto me llamó la atención, y me llevó a un proceso de identificar la única palabra de Dios para mí, para centrarme durante todo el año.

No fue difícil; de hecho, he estado siguiendo ese patrón durante los últimos siete años. ¡No te sorprenderá que el primer año mi palabra fue aceptación! Luego vinieron estas: disfrute, fluidez, rodeado, momentos, relajamiento, y ritmo.

Los autores sugieren tres preguntas para descubrir cuál es esa palabra de Dios para ti:

- ¿Qué necesitas?
- ¿Qué hay en tu camino?
- ¿Qué es necesario eliminar?

En qué necesito concentrarme más ahora mismo?

- En este momento es el *ritmo*: aprender a disfrutar de los ritmos no forzados de la gracia—reflexivamente, relacionalmente y recreativamente.

Qué hay en mi camino?

- Ahora mismo es mi propensión a ser impulsado por el rendimiento, y presionando demasiado.

¿Qué se necesito eliminar?

- Ahora mismo es mi adicción a la actividad y la "enfermedad de andar de prisa"

¿ESTÁS LISTO PARA BAILAR?

Realmente disfruté otro libro refrescante de Ruth Haley Barton llamado *Sacred Rhythms: Arranging Our Lives for Spiritual Transformation.* ("Ritmos Sagrados: Organizando Nuestras Vidas para la Transformación Espiritual")

Ella prefiere el lenguaje del ritmo. Esto me resuena fuertemente también.

Para decepción de mi esposa, no tengo el ritmo natural de movimiento necesario para bailar. Sin embargo, yo soy capaz de aprender y desarrollar ritmos para una vida que enriquezca el alma. Después de años de sentir que a menudo estaba "empujando una roca cuesta arriba", ahora estoy creciendo en lo que Eugene Peterson llama "los ritmos no forzados de gracia".

"¿Estás cansado? ¿Desgastado? ¿Agotado de la religión? Ven a mí. Sal conmigo y recuperarás tu vida. Te mostraré cómo descansar de verdad. Camina conmigo y trabaja conmigo, mira cómo lo hago. Aprende los ritmos no forzados de la gracia. Yo no pondré nada pesado o que no te quede bien sobre ti.

Acompáñame y aprenderás a vivir libre y livianamente". (Mateo 11:28–30, parafraseo basado en la versión "El mensaje" en inglés)

Estoy descubriendo que, así como mi vida no será más rica que mis relaciones, ¡también es cierto que mi vida no será más rica que mis ritmos! A decir verdad, rápidamente me siento fuera de control e incluso confundido sin mis ritmos vivificantes.

En el mundo empresarial muchos dicen: "Tus sistemas están perfectamente diseñados para darte lo que estás recibiendo!" ¿Qué tal si lo ponemos de esta manera?: "Tus ritmos están perfectamente diseñados para darte lo que está recibiendo!"

Cuando compartí eso con uno de mis grupos de pacto anterior, mientras nos reconectábamos en una llamada de Zoom, un líder joven dijo: "Ahora me doy cuenta de lo que me está pasando. Desde que la crisis actual comenzó, detuve el ritmo vivificante de llevar un diario y otras cosas más. ¡Ahora estoy pagando el precio!

¿Estás prosperando rítmicamente, o simplemente sobreviviendo? He sido dirigido a la tierra del bienestar al menos de tres maneras: reflexivamente, relacionalmente, y recreativamente. Estas son las tres áreas de mi vida que consistentemente producen el mayor beneficio de la inversión para mí.

- Reflexivamente: Mis ritmos reflexivos me conectan con las misericordias diarias de Dios. Me encanta empezar cada día sumergiéndome lentamente en la presencia de Dios, escuchando Su guía y buscando su señal.
- Relacionalmente: Mis ritmos relacionales me conectan con el don de una comunidad disciplinada. Diariamente yo busco conectarme con personas que enriquecen mi vida que me agudizan, me profundizan, me proporcionan recursos, y me conectan.
- Recreativamente: Mis ritmos recreativos revitalizan mi cuerpo, mente y espíritu con la creación de Dios. El ejercicio diario no es una interrupción en mi vida; es una mejora.

Prosperar tiene que ver con el bienestar. El rey David oró una vez: "Exaltado sea el Señor, quien se deleita en el bienestar de su siervo" (Salmo 35:27 NVI). Francamente, muchas veces mis pensamientos intrusivos y la teología deficiente me han llevado a patrones que estaban lejos de ser propicios para mejorar mi bienestar.

- Reflexivamente: una vez decidí leer toda la Biblia en voz alta durante el transcurso de un año. Eso me agotó más de lo que me bendijo.
- Relacionalmente: una vez me comprometí con un horario que incluía reuniones tanto nocturnas como de madrugada.

Encendiendo la vela por ambos extremos me dejo sin llama. Estaba agotado por cansancio y autocompasión.

- Recreativamente: una vez hice régimen de trote diario en todos los climas. Eso realmente me llevó a tener lesiones, especialmente al correr sobre la nieve y el hielo.

La mayoría de las mejores lecciones que he aprendido las he aprendido de manera difícil. Esas son las lecciones revitalizantes que estoy buscando compartir con otros líderes, cercanos y lejanos.

Todas las lecciones se basan en mejorar el bienestar, en contraste con disciplinas exigentes e ininterrumpidas. Mientras antes hablaba (incluso alardeaba) frecuentemente sobre mis disciplinas personales, metas y hábitos, ahora prefiero hablar de mis ritmos vivificantes. La culpa puede ser un gran motivador a corto plazo, pero sólo la gracia obra bien a largo plazo. Estoy aprendiendo a centrarme más en el *por qué* y menos en el *qué*.

Los ritmos llenos de gracia son la clave para una vida llena de gracia. Como escribió Anne Lamott: "No entiendo el misterio de la gracia, sólo que nos encuentra donde estamos y no nos deja donde nos encontró". Todo vuelve a la geometría de la cruz. La dimensión vertical apunta a una relación amorosa con Dios, y la horizontal, a una relación de amor con los demás.

Por la gracia de Dios, estoy logrando un progreso refrescante en mi recorrido de descubrir ritmos llenos de gracia y vida. Aunque no espero empezar a bailar cuando sea mayor, estoy deseando aprender más sobre los ritmos no forzados de la gracia de Dios. ¿Y qué tal tú?

PREGUNTAS PARA REFLEXIONAR

¿Alguna vez la verdad del evangelio se ha derrumbado sobre ti? Describe tu experiencia.

¿Cómo se etiqueta tu roca?

¿Qué ritmos de vida te resultan más enriquecedores?

EL MODELO CONVERSACIONAL 4 D

Las 4D significan Deleite, Desánimo, Descubrimiento y Determinación. Reflexiona periódicamente y luego comparte ejemplos de cada uno. Será bueno para tu alma y profundizará tu conexión con otros.

Deleite: ¿Qué te ha estado provocando alegría y te ha animado recientemente?

Desánimo: ¿Qué ha sido recientemente perturbador, agotador o desalentador para ti?

Descubrimiento: ¿Qué ha sido especialmente esclarecedor o alentador para ti, de la Palabra de Dios y de este capítulo?

Determinación: ¿Qué te está impulsando Dios a seguir o a hacer, como resultado de procesar ideas de la Palabra de Dios y de este capítulo?

6

ELIGE LA PUREZA

"DIOS NO NOS SALVA DE LAS TENTACIONES.
ÉL NOS SOSTIENE EN MEDIO DE ELLAS".

— OSWALD CHAMBERS

¡Eres excepcional y ese es tu problema! Los líderes en quienes estoy invirtiendo son todos excepcionales:

- Excepcionalmente dotados
- Con recursos excepcionales
- Excepcionalmente apreciados

Y, sin embargo, se puede abusar de cada don. Nadie está exento de las tentaciones de exigir derechos. Aquellos que son excepcionalmente bendecidos pueden ser engañados fácilmente. Recuerda al rey Salomón. Él era un hombre excepcionalmente talentoso. Después de pedir humildemente sabiduría para dirigir bien, el Señor lo asombró con mucho más, diciendo: "voy a concederte lo que has pedido. Te daré un corazón sabio y prudente, como nadie antes de ti lo ha tenido ni lo tendrá después. Además, aunque no me lo has pedido, te daré tantas riquezas y esplendor que en toda tu vida ningún rey podrá compararse contigo" (1 Reyes 3:12–13 NVI).

Lamentablemente, aunque Salomón empezó bien, no terminó bien. ¿Por qué? Bueno, incluso los más sabios entre los sabios siguen siendo humanos. Mientras Salomón veía a Dios que respondía a su sincera oración por sabiduría, en formas mucho más allá de lo que podría haber imaginado, Salomón finalmente cayó en exigir derechos del poder. Al igual que su padre antes que él, no usó consistentemente su libertad para honrar a Dios, pero en cambio, violó intencionalmente las normas claras de Dios.

Salomón fue excepcional; por lo tanto, ¡Salomón pensaba que él era la excepción! Ese era su problema, y muchas veces el nuestro también, y eso da miedo. Si no tenemos cuidado, nuestros dones pueden llevarnos más allá de lo que puede sostener nuestro carácter. Y el valor que nuestra sociedad le asigna al estrellato y el carisma en vez del carácter no ayuda.

¿HAS LEÍDO LAS NOTICIAS ÚLTIMAMENTE?

En los últimos días nos hemos quedado atónitos con historias trágicas de líderes cristianos excepcionalmente dotados que se estrellaron y quemaron. A su manera disfrutaron de ambos, dones y libertades excepcionales, pero abusaron de ambos. Trajeron vergüenza para ellos mismos, sus familias y sus ministerios. ¿Cómo?

- Malgastaron los recursos del reino.
- Cometieron adulterio.
- Se negaron a rendir cuentas.

Nadie está exento de la tentación. En un estudio de cien líderes bíblicos, sobre quienes había suficiente información para evaluar, se concluyó que sólo un tercio terminó bien. Los que no terminaron bien tenían las mismas cosas en común. No aplicaron personalmente las Escrituras a sus propias vidas, y no ejercieron su responsabilidad personal con otros.[31]

¡Sin teología aplicada y una comunidad profunda, todos somos blanco fácil para el diablo! Se ha dicho que a menos que seas más fuerte que Sansón, más devoto que David, o más sabio que Salomón, ¡el pecado sexual puede derribarte a ti también!

Realmente no necesitamos más ilustraciones de comportamientos vergonzosos entre los líderes cristianos, pero no podemos escapar de ellos. Hace unos años, Ravi Zacharias, un estimado líder de influencia internacional, dijo la famosa frase, "El pecado te llevará más lejos de lo que quieres ir, te mantendrá más tiempo del que quieres quedarte, y te costará más de lo que quieres pagar". Él también dijo, "Incluso después de todos estos años, me sorprende cómo el pecado todavía me acecha."

Bueno, ahora sabemos que el pecado no sólo lo "acechó"; sino que lo persiguió ¡activa y repetidamente! El descubrimiento de su inmoralidad repetida lo llevó a la devastación de su familia y su ministerio. Las reverberaciones continúan creando réplicas dentro de la comunidad cristiana hasta el día de hoy.

Tarde o temprano cada uno de nosotros estaremos ante Dios para dar cuentas. "Porque es necesario que todos comparezcamos ante el tribunal de Cristo para que cada uno reciba lo que le corresponda, según lo bueno o malo que haya hecho mientras vivió en el cuerpo." (2 Corintios 5:10 NVI).

El autor Randy Alcorn dice que la frase "lo bueno o malo", en el versículo anterior, puede ser "la frase más inquietante para los creyentes, en todo el Nuevo Testamento".[32] A pocos les gusta el sonido de esta frase; sin embargo, la Biblia habla del juicio venidero de nuestras obras, no de nuestros pecados. Nuestros pecados son cubiertos por el sacrificio de Cristo. Nuestras recompensas se basarán en nuestro comportamiento.

Por la gracia de Dios, ninguno de nosotros será definido para la eternidad de nuestro peor día. Ni siquiera la vida del rey David fue definida de esa manera: "Pues David había hecho lo que agrada al Señor y en toda su vida no había dejado de cumplir ninguno de los mandamientos del Señor, excepto en el caso de Urías el hitita." (1 Reyes 15:5 NVI).

¡Este es el resumen de la vida de David, después de su romance con Betsabé, después de que él dispuso la muerte de su marido, y después de intentar ocultarlo todo! Esto significa que hay esperanza para todos nosotros, ¡no importa cuán defectuosos, manipuladores o legítimos podamos haber sido!

Exigir derechos no es sólo un problema entre muchos milénicos; ¡es un problema entre muchos líderes cristianos! Hace unas décadas leí una entrevista de un líder denominacional quien dijo que, en su estado nunca había conocido a un pastor atrapado en inmoralidad sexual que no fuera culpable también de irregularidad financiera. Mientras puedes pensar en alguien culpable de uno o de otro, el punto es que ambos se basan en el abuso de privilegio.

TIENES UN ENEMIGO

Rara vez vemos inmediatamente nuestras propias vulnerabilidades. Tim Keller escribió: "El autoengaño no es lo peor que puedes hacer, pero es el medio por el cual hacemos las peores cosas. El pecado que más está distorsionando tu vida en este momento, es a menudo el que no puedes ver". Por eso el salmista oró: "Líbrame de mentirme a mí mismo; dame el privilegio de conocer tus enseñanzas." (Salmo 119:29 NTV).

¿Cómo podemos cada uno de nosotros encaminarnos y mantener el rumbo para terminar bien?

Primero, admite la realidad: ¡tienes un enemigo implacable! El nunca renunciará a derribarte, así que no asumas que alguna vez superarás o serás mayor que cualquier tentación. Un amigo mío recientemente me habló de un sacerdote ya mayor que confesó: "¡No asumiría que estoy más allá de la tentación sexual, hasta que esté en el cielo por lo menos tres días completos! Mientras tengas pulso, tendrás algunas batallas personales con la tentación.

Finalmente, anímate, la tentación no es pecado. Jesús fue tentado en todos los sentidos y, sin embargo, estaba sin pecado. Sí, Él era completamente Divino, pero Jesús también fue plenamente humano. Nuestra humanidad no es la totalidad del problema; es nuestra incapacidad para admitir nuestra humanidad y tomar las medidas apropiadas para vivir dentro de los límites diseñados por Dios. Viviendo dentro de límites es la clave de la devoción. Podemos ser humanos y santos.

Todos debemos tomar la decisión de hacer dos cosas:

1. Dedicarnos fielmente a la aplicación personal y constante de la Biblia.
2. Dedicarnos fielmente a vivir en una comunidad honesta y enriquecedora.

Estas prácticas son esenciales, porque la Biblia dice: "¿Quién podrá decir: 'He limpiado mi corazón; soy puro y libre de pecado?" (Proverbios 20:9 NTV).

¡LA BATALLA DE TODOS!

El tema de la tentación, particularmente la tentación sexual, ha sido descrita como "la batalla de cada hombre". Además, con la escalada rápida de la accesibilidad y el uso de la pornografía, también es toda una lucha con demasiada frecuencia, para las mujeres. De hecho, ahora se nos dice que cuando se trata del uso de la pornografía, las mujeres están hoy donde los hombres estaban hace diez años. El uso de la pornografía es una epidemia. Si bien podemos decir que nunca hemos violado técnicamente nuestro voto de fidelidad sexual, ¡todos admitiríamos que en algunos puntos podríamos haberlo hecho!

El órgano sexual más poderoso es el cerebro. Nosotros inmediatamente obtenemos una oleada de placer con la liberación de dopamina, y como cualquier droga, ¡puede atontarnos! Lo que Dios destinó como placer sólo en el pacto matrimonial, se ofrece ahora de forma inmediata y gratuita a través de la fantasía en internet. En su libro revelador *Surfing for God: Discovering the Divine Desire Beneath Sexual Struggle* ("Surfeando para Dios: Descubriendo el deseo divino bajo la lucha sexual"), el autor Michael John Cusick escribe:

¿Cómo la pornografía va en contra de nuestro diseño como hombres, y sabotea el sueño de Dios de que vivamos nuestra verdadera identidad? C.S. Lewis habló de la escencia de esta pregunta cuando escribió sobre el daño al alma causado por la fantasía sexual (ya sea a través de la masturbación o la pornografía), y lo el que llamó "mujeres imaginarias".

Lewis describió a estas "mujeres imaginarias" de esta manera: "Siempre accesibles, siempre subordinadas, no requieren ningún sacrificio o ajuste, y pueden estar dotadas de atracciones eróticas y psicológicas que ninguna mujer real puede rivalizar. Entre esas novias sombrías él siempre está adorado, siempre el amante perfecto; no se le hace demanda... jamás se le impuso ninguna mortificación en su vanidad."[33]

El sexo fuera del vínculo conyugal conduce inevitablemente a la esclavitud del alma. Lo que comienza como un problema moral se transforma en un problema del cerebro. Es una especie de cocaína digital. Para los hombres, el acceso a la pornografía es como vivir con un grupo de bellezas desnudas llamándoles constantemente. Para las mujeres, esto conduce a estándares de estrellas porno imposibles de alcanzar en la vida real. De hecho, los hombres que son usuarios habituales de pornografía admiten que la visión de una mujer desnuda real es para ellos ahora simplemente mal pornografía. Ésta es una de las razones del aumento en el uso de medicamentos para la disfunción eréctil, incluso entre hombres jóvenes. Como un joven adicto en Brasil le dijo a un pastor amigo mío: "¡El diablo da con una mano, pero quita con las dos!

Como dijo Jesús: "todo el que comete pecado es esclavo del pecado" (Juan 8:34 NTV).

La tentación sexual es astuta. Puedes estar ocupándote de tus asuntos, cuando de repente te distraes. Me pasó en un viaje de conferencias a Florida. Acababa de terminar de predicar en múltiples servicios para una iglesia grande y estaba descansando solo en la terraza de un hotel de Tampa, esperando el cálido abrazo de mi esposa esa noche. Fue entonces cuando de repente una chica atractiva apareció y se sentó cerca de mí.

Ella no fue sutil. Estaba claro que ella estaba interesada en más que una mera conversación. Irónicamente, sucedió el día siete del mes; por lo tanto, me habían advertido sobre ella al leer el capítulo séptimo de Proverbios temprano esa mañana: "La mujer se le acercó, vestida seductoramente y con corazón astuto" (Proverbios 7:10 NTV).

He escrito en mi Biblia los nombres de varios líderes claves del reino que recientemente han sucumbido a la tentación sexual. Están enumerados junto a las advertencias de Proverbios 5–7, como una advertencia ¡para mí! Como advierte Proverbios 7:26 (NTV): "Pues ella ha sido la ruina de muchos; numerosos hombres han caído en sus garras".

Ningún hombre o mujer cristiana quiere convertirse en "víctima" o "victimizador", pero muchos lo han hecho. Para ser claros, algunos técnicamente no han sido victimizados o han caído en pecado. ¡En algún momento ellos cayeron voluntariamente! Quizás fue en el gimnasio, o en el trabajo, o incluso con alguien atractivo que conocieron a través de la iglesia. Nadie está exento de la atracción por la belleza. Los hombres son típicamente programados para apreciar la forma femenina y sentirse atraídos por quienes tienen personalidades atractivas. Este tipo de atracciones y tentaciones no son pecado. Es lo que sucede después.

LAS AVENTURAS AMOROSAS NO SON ACCIDENTALES

El patrón de la tentación es progresivo; a veces se ve así, moviéndose de esta manera: aprecio –> atracción –> obsesión –> degradación.

- Apreciación: reconocer que Dios diseñó belleza.
- Atracción: detenerse visualmente en la belleza.
- Obsesión: cultivar fantasías sobre la belleza.
- Degradación: abrazar la inmoralidad con la belleza.

La inmoralidad es siempre una elección, y la elección es nuestra. El psicólogo Jay Lindsay compartió una vez sus observaciones sobre la inmoralidad, primero conmigo y luego con nuestra iglesia, en lo que él llamó "Proceso de aventura amorosa de doce pasos". Esto es lo que él vió con muchos de los que habían dado la bienvenida a la ruina en sus relaciones. Fue de esta manera:

1. Preparación
2. Alerta
3. Reunión inocente
4. Reunión intencional
5. Persistencia pública
6. Persistencia privada
7. Aislamiento intencionado
8. Aislamiento placentero
9. Abrazo afectuoso
10. Abrazo apasionado
11. Rendición
12. Aceptación

En los últimos años, el único cambio en el patrón anterior es en su aceleración. C.S. Lewis dijo: "Ningún hombre se vuelve repentinamente en algo". Es un proceso y, según los expertos, la única diferencia en nuestra cultura es que la velocidad del proceso se ha acelerado rápidamente. Por ejemplo, durante la pandemia de 2020, un sitio web de pornografía informó un aumento del 600 por ciento en su uso. La pornografía es una plaga que arruina nuestra cultura, con un 68 por ciento de hombres cristianos y el 33 por ciento de mujeres cristianas, al menos mensualmente, abriendo la puerta de sus corazones a la devastación del diablo. ¡Pero no tiene por qué ser así!

Anímate. Si bien las tentaciones sexuales están arraigadas en nuestra humanidad, la inmoralidad sexual no tiene por qué ser nuestro destino. Considera estas verdades de las Escrituras y tómalas en serio:

- "Ustedes no han sufrido ninguna tentación que no sea común al género humano. Pero Dios es fiel y no permitirá que ustedes sean tentados más allá de lo que puedan aguantar. Más bien, cuando llegue la tentación, Él les dará también una salida a fin de que puedan resistir." (1 Corintios 10:13 NVI).
- "El que está en ustedes es más poderoso que el que está en el mundo." (1 Juan 4:4 NVI).
- "Porque Dios no nos ha dado espíritu de temor y timidez, sino de poder, de amor y de autodisciplina" (2 Timoteo 1:7 NTV).

Se ha dicho que todas las relaciones van a alguna parte, y ese lugar puede ser muy bueno o incluso muy malo. ¡Una vez escuché a un sociólogo decir que el hombre promedio "se enamora" siete veces antes de casarse, y luego siete veces más después de casarse! Si es así, no es una cuestión de nuestro destino, ¡sino una cuestión de nuestra humanidad! Muchos hombres me han confiado que la atracción física les condujo a una conexión emocional; sin embargo, para algunos fue todo lo contrario, la conexión emocional fue lo primero. De cualquier manera, para muchos el ingrediente extra del alcohol aceleró su descenso a la inmoralidad.

La tentación es siempre un tema en el entorno seguro de un grupo de pacto. Todo lo mencionado brevemente aquí se amplía allí, con gran sobriedad y examen de conciencia. Esto siempre lleva a conversaciones catalizadoras e incluso a confesiones humildes. Como un pastor dijo: "Esta es tierra santa…no sé dónde más podría entablar una conversación como ésta! De hecho, está dirigido a algunos líderes que reconozcan el camino peligroso en el que estaban y que se arrepientan humildemente.

NO TODAS LAS TENTACIONES SON SEXUALES

Ahora bien, no todas las tentaciones son iguales, y ciertamente no todas las tentaciones son sexuales. En *Mere Christianity* ("Mero cristianismo") C.S. Lewis escribe,

Aunque he tenido que hablar en ciertas ocasiones sobre sexo, quiero hacerlo tan claro como pueda, que el centro de la moral cristiana no está ahí. Si alguien piensa que los cristianos consideran la falta de castidad como el vicio supremo, está bastante equivocado. Los pecados de la carne son malos, pero son los menos malos de todos los pecados. Todos los peores placeres son puramente espirituales: el placer culpar a otras personas, de mandar y ser condescendientes . . . y de calumniar; el placer del poder, y del odio. Porque hay dos cosas dentro de mí, compitiendo con el yo humano que debo intentar llegar a ser. Ellos son el "Yo animal" y el "Yo diabólico". El "Yo Diabólico" es el peor de los dos.[34]

Así que, ¿cuál es tu tentación más persistente? Todos somos tentados todos los días. Algunas de esas tentaciones vienen de afuera, pero muchas otras provienen de dentro. Si bien ocasionalmente puedo sentirme tentado visualmente en el gimnasio, es más común para mí ser tentado por otro tipo de pecados, los internos. Cuando estoy solo en la privacidad de mi oficina en casa, me enfrento a frustraciones ¡en mi propio escritorio! Puedo sentirme seguro, protegido y completamente tranquilo en mi estudio, y luego estallar en irritación debido a una repentina interrupción u otro desafío tecnológico desconcertante.

¿Eso te sucede a ti también?

C.S. Lewis me impactó: "Si hay ratas en el sótano, es más probable que las veas si entras muy de repente. Pero lo repentino no crea a las ratas: sólo les impide ocultarse. De la misma manera, lo repentino de la provocación no me convierte en un hombre de mal humor: Eso simplemente revela que soy un hombre de mal genio."[35]

Así como Jesús fue tentado después de su bautismo, también lo somos ¡todos nosotros! Tengo una gran deuda con Henri Nouwen, quien me ayudó a ver cómo las tres grandes tentaciones que enfrentó nuestro Señor son comunes para todos nosotros hasta cierto punto. Él comparte esta idea en su libro *The Way of the Heart: Connecting with God Through Prayer, Wisdom, and Silence* ("El Camino del Corazón: Conectándose con Dios a través de la oración, la sabiduría, y el silencio"). Llama a la soledad "el horno de la transformación" y dice que Jesús entró en este horno. El horno es un tiempo de purificación y prueba sobre lo que Nouwen llama "las tres compulsiones del mundo" y las aclara así:

- Ser relevante ("convierte piedras en panes")
- Ser espectacular ("lánzate abajo")
- Ser poderoso ("Todos estos reinos te daré")[36]

Sé cuál de estas compulsiones es actualmente la más tentadora para mí. Mientras leo y reflexiono sobre la Palabra de Dios cada día, no es difícil ver la aplicación a mi propia vida. Anhelo mi tiempo temprano en la mañana, y sin ese tiempo, sería mucho más vulnerable de lo que ya soy. Como el autor puritano presbiteriano inglés John Flavel ha dicho: "Los que conocen a Dios serán humildes; aquellos que se conocen a sí mismos no pueden ser orgullosos".

¡La pureza y la humildad deben ser mi búsqueda diaria! Esta es la razón por la que repito las mismas palabras varias veces al día: "Señor Jesús, ¡ten piedad de mí!"

Cada uno de nosotros debe tomar la decisión de terminar bien a diario.

Sólo yo puedo tomar esa decisión por mí mismo, y sólo tú puedes tomar esa decisión por ti mismo. Que por la gracia de Dios podamos decir una vez más cada día: "No tengo secretos y eso está bien con mi alma."

Todos odiamos dar cuentas y nunca estamos solos en eso. Es más, incluso cuando tenemos sistemas formales o informales para rendir cuentas, nadie se somete a ese rendimiento de cuenta más allá de lo que quiere. Todos tenemos algunas cosas privadas, e incluso vergonzosas, que preferimos que los demás nunca lo sepan. Para los humanos propensos al pecado eso es inevitable. Sin embargo, admitir nuestros defectos y faltas no nos descalifica de la credibilidad en la vida, o incluso del liderazgo cristiano. Es todo lo contrario.

Cuando somos más abiertos acerca de nuestros fracasos, terminamos teniendo más influencia en la vida de los demás. Lamentablemente, muchos en el liderazgo no crean esto. He leído en algún lugar que los líderes cristianos no caen porque sean santos, caen porque se olvidan de que son humanos.

Nuestras luchas, tanto recientes como de hace mucho tiempo, nos recuerdan periódicamente nuestra propia humanidad. Todavía puedo recordar vívidamente una tentadora situación de hace años; ahora que lo pienso, tal vez me sentía atraído por esta chica porque se parecía mucho a mi propia esposa. Cuando concertó una cita conmigo para consejería pastoral, sentí que mi corazón latía más rápido. Tanto es así que me asustó. ¡Justo antes de que ella entrara, llamé a un amigo pastor y le pedí que orara por mí inmediata y específicamente! Él lo hizo.

La buena noticia es que resistí con éxito esa tentación. La mala noticia es que cuando mi amigo pastor enfrentó una tentación similar, no hizo una llamada similar, ni a mí ni a alguien más. Terminó destruyendo su matrimonio y su ministerio.

LAS PREGUNTAS CORRECTAS LLEGAN AL CORAZÓN DEL ASUNTO

Si estuvieras luchando contra la tentación, pensando en tener una aventura o simplemente imaginando tal cosa, ¿a quién le dirías? Ninguno de nosotros es tan fuerte como quisiéramos ser. Todos necesitamos compañeros que nos ayuden en la búsqueda de la fortaleza del alma.

Por esta razón, hace varias décadas, el psicólogo Dr. John Walker, un amigo cercano y yo, comenzamos a hablar semanalmente y a reunirnos regularmente. Cada vez, nos preguntamos cinco preguntas que definen en qué nos estamos enfocando, aceptando, eligiendo, disfrutando y confiando. Luego personalizamos las preguntas para reflejar lo que cada uno de nosotros estaba priorizando en esa temporada de nuestras vidas.

Estas son las preguntas que invité a John a que me hiciera cada semana:

- ¿Te estás concentrando en tu esposa, o estás fantaseando sobre otras mujeres?
- ¿Estás aceptando las limitaciones de los demás, sin llegar a ser crítico o sentirte frustrado?
- ¿Estás eligiendo lo que quieres y necesitas hacer, o te estás obsesionado con los que deberías hacer?
- ¿Estás disfrutando de un día sabático y divirtiéndote?
- ¿Confías en que Dios conoce tu nombre? (Isaías 43:1)

Mis amigos cercanos conocen bien mis inseguridades. Es por eso que Juan enfatiza regularmente que la gracia de Dios no era sólo para los demás... ¡Era para mí! Necesito eso. Necesito que me recuerden que Dios está conmigo, Dios es para mí, y que los demás también lo están. No quiero o necesito dar cuentas, tanto como quiero y necesito aceptación y estímulo. ¿Y tú? Para la mayoría de nosotros, pedir cuentas suena casi como invitar a alguien a husmear en nuestra ropa sucia.

No quiero sostener a otros para que solo me den cuentas; quiero sostenerlos cerca.

Invitar a otros a hacerte preguntas que fomenten la autenticidad y la conversación profunda, es una herramienta maravillosa. Personalizar las preguntas anteriores es un ejemplo.

La clave es la pregunta. Las buenas preguntas pueden abrir ambos, cabezas y corazones, y acercan a las personas.

PREGUNTAS PARA REFLEXIONAR

¿Cuál de las tres tentaciones que Jesús enfrentó (ser relevante, espectacular o poderoso) es la más atractiva para ti?

¿Alguna vez te ha sorprendido una tentación?

¿Qué pregunta necesitas tú que alguien te haga?

EL MODELO CONVERSACIONAL 4 D

Las 4D significan Deleite, Desánimo, Descubrimiento y Determinación. Reflexiona periódicamente y luego comparte ejemplos de cada uno. Será bueno para tu alma y profundizará tu conexión con otros.

Deleite: ¿Qué te ha estado provocando alegría y te ha animado recientemente?

Desánimo: ¿Qué ha sido recientemente perturbador, agotador o desalentador para ti?

Descubrimiento: ¿Qué ha sido especialmente esclarecedor o alentador para ti, de la Palabra de Dios y de este capítulo?

Determinación: ¿Qué te está impulsando Dios a seguir o a hacer, como resultado de procesar ideas de la Palabra de Dios y de este capítulo?

7

VIVE GENEROSAMENTE

"NUNCA HE CONOCIDO A UNA PERSONA GENEROSA
QUE SEA INFELIZ."

— TODD HARPER

La vida es una serie interminable de sucesos inesperados y experiencias que aclaran la vida, y que podrían suceder en cualquier momento. Nadie sabe realmente qué va a pasar próximamente; por eso es que somos llamados a vivir por fe, no por vista.

Hace varios años, nuestro vecindario fue conmocionado por un robo descarado. Cuando una familia cercana a nosotros estaba de vacaciones en Italia, su casa hermosa fue asaltada. Para empeorar las cosas, esto sucedió repetidamente durante varios días. A plena luz del día. Lo realmente sorprendente es que los robos no se descubrieron hasta que casi todo lo de valor había sido sacado de la casa. Como nuestros amigos nos dijeron más tarde: "Los ladrones se llevaron la mitad de nuestras cosas ¡y fue la mejor mitad!

¿Cómo te sentirías si perdieras la mitad de tus cosas, y que esta fuera la mejor mitad? A decir verdad, la mayoría de nosotros podríamos llevarnos bastante bien con sólo la mitad de las cosas que poseemos. Pero eso no nos impide agregar más a nuestras cosas. Los hogares promedio no son sólo tres veces más grandes de lo que eran cuando yo era niño, pero el hogar promedio tiene literalmente miles de artículos. Esto es cierto para la mayoría de nosotros, incluso cuando sabemos que lo más importante en la vida no son las posesiones materiales.

Nuestra hija menor y su marido lo han demostrado. Recientemente se mudaron de una casa de 3700 pies cuadrados llena de cosas, y salieron a la carretera en una casa rodante de diez metros y medio. Ellos y sus dos hijos pequeños empiezan ahora el segundo año de una aventura nómada, y aman cada día de su nueva vida. Han aprendido que vivir más ligero no sólo es posible, sino que en muchos sentidos es preferible. Disfrutan mucho más de la vida porque viven con mucho menos. ¡Han cambiado el buscar tener más cosas por tener más historias!

¡Y no están solos!

Los estudios muestran que muchas personas afirman que su felicidad está ligada a la sencillez y la generosidad. De hecho, ¡ha sido documentado que la autoestima aumenta a medida que aumenta la generosidad!

¡SÉ GENEROSO, POR EL AMOR DE DIOS!

Ahora, seamos realistas, Jesús no estaba preocupado primero por nuestra autoimagen positiva, sino de llamarnos a un propósito positivo. Ese propósito es honrar a Dios al asociarnos con Dios; nunca nos parecemos más a Dios que cuando somos dadores. Jesús lo dejó claro en uno de los relatos más famosos de su ministerio registrado en Lucas 21:1-4 (NVI):

"Jesús se detuvo a observar y vio a los ricos que echaban sus ofrendas en las alcancías del Templo. También vio a una viuda pobre que echaba dos moneditas de muy poco valor. Les aseguro —dijo— que esta viuda pobre ha echado más que todos los demás. Porque todos ellos dieron sus ofrendas de lo que les sobraba; pero ella, de su pobreza, echó todo lo que tenía para su sustento."

Como dijo el pastor Greg Surratt de Seacoast Community Church en uno de sus sermones, Jesús toma nota de tu generosidad.

Pregunta: ¿tomas buena nota sobre tu propia generosidad? ¿Mantienes buenos registros financieros? Nosotros lo hacemos; de hecho, hemos guardado los registros de todos los gastos desde que nos casamos en agosto de 1968. En muchos sentidos, no es sólo un registro de nuestra vida sino de nuestras prioridades. ¿Adivina qué? ¡No es solo financieramente inteligente hacer esto, sino que está basado bíblicamente! "Asegúrate de saber cómo está tu ganado; cuida mucho de tus rebaños; pues las riquezas no son eternas ni la corona está siempre segura." (Proverbios 27:23–24 NVI).

Cuando nuestros hijos crecían, nuestro presupuesto era ajustado, por lo que les enseñamos el plan 10/10/80. Eso es dar al menos el 10 por ciento, ahorrar al menos el 10 por ciento, y administrar cuidadosamente el resto. Ese patrón ha servido muy bien a nuestra familia, y a la familia de la iglesia durante los años.

Ahora, como a la mayoría de ustedes, nos encanta dar donaciones para obras que honran a Cristo, especialmente a través de nuestra iglesia local. Mark Moore, aclamado autor y pastor docente de la Iglesia Christ Church of the Valley en Phoenix, Arizona, dijo: "Cuando donamos a través de la iglesia, hacemos famoso a Jesús. Cuando donamos como individuos, nos hacemos famosos".

Quiero hacer famoso a Jesús, ¿tú no? Quiero que la gente venga a Jesús y, por lo tanto, la mayor parte de lo que damos es a través de la iglesia de Jesús, y de otras causas cristianas a través de la National Christian Foundation ("Fundación Nacional Cristiana"). Donar a través de organizaciones honorables sin fines de lucro es una buena administración.

Hacer que nuestras donaciones caritativas sean auditadas dos veces por el IRS nos ha enseñado lo importante que es mantener buenos registros. Sin embargo, eso significa que alguien en la iglesia o en la Fundación Nacional Cristiana también tiene que mantener esos registros. Si vamos a hacer un regalo deducible de impuesto, alguien tiene que saber lo que regalamos y poder comprobarlo.

Pero espera, ¿no nos advirtió Jesús que no diéramos para que otros nos vieran? Sí, lo hizo; eso está en Mateo 6:3-4 (NVI): "Más bien, cuando des a los necesitados, que no se entere tu mano izquierda de lo que hace la derecha, para que tu limosna sea en secreto. Así tu Padre, que ve lo que se hace en secreto, te recompensará."

Es evidente que, tanto el *motivo* como la *forma* de lo que damos se notan en el cielo, para que recibamos una bendición celestial. Sin embargo, Jesús no dijo que perderíamos una bendición si alguien *pudiera enterarse* de lo que damos. Está advirtiendo claramente que podemos perder el derecho a la bendición si damos *para que* otros se enteren. Eso sería dar para hacernos famosos nosotros y no a Jesús. Nuestro motivo importa.

¿Cuál podría ser la "bendición" de dar? Sospecho que será el cumplimiento de realizar todo el bien eterno, que fue logrado a través de lo que dimos mientras estábamos en la Tierra. Cuando nosotros lleguemos al cielo, tendremos el privilegio de ver las cosas como realmente son, y para celebrar que colaboramos con Dios para guiar a otros a su abrazo eterno. Por eso, la mayor parte de nuestras donaciones deben dirigirse a esfuerzos que lleven a las personas a Cristo, y ayudar a los pobres desesperados. Eso es típicamente lo que hace la iglesia local.

Nótese que la viuda pobre llevó su ofrenda al templo. Este era el lugar central de culto del pueblo judío. La entrega de sus primicias, un diezmo o el 10 por ciento de todo lo que recibían, se consideraba un requisito de adoración. Sin embargo, para los judíos, el dar no se limitaba al 10 por ciento. También hicieron ofrendas más allá de eso, y algunos dicen que esas ofrendas totalizaban alrededor del 23 por ciento. Por ello, algunos sostienen que realmente no daremos hasta que hayamos superado el nivel del 10 por ciento de nuestros ingresos. Yo mismo he sostenido durante mucho tiempo esa opinión, y sabemos que lo mismo es cierto para muchos pastores.

LA GENEROSIDAD TIENE MUCHOS NIVELES

El diezmo es el comienzo de nuestra mayordomía, no el final. Randy Alcorn ha dicho: "Dios me prospera no para elevar mi nivel de vida, sino para elevar mi nivel de generosidad". A mi modo de ver, en realidad hay tres niveles de generosidad:

- El nivel de devoción: fidelidad en regresar a Dios el primer 10 por ciento. Un diezmo es un gran lugar para comenzar, pero es un pésimo lugar para detener nuestra generosidad.
- El nivel de inspiración: la generosidad está impulsada por necesidades u oportunidades

143

especiales. Siempre necesitamos estar abiertos a los avisos para compartir.

- El nivel de revelación: responder a un llamado claro de Dios con una generosidad radical e incluso transformadora. Algo mucho más allá de lo razonable.

Mi esposa y yo conocemos a algunos que lo han dado todo. Otros con ingresos modestos, han optado por donar al menos la mitad de sus ingresos cada año. Las historias de generosidad siempre han servido para inspirarnos a todos. Como el salmista describe a los que temen al Señor, "Comparten libremente y dan generosamente a los necesitados. Sus buenas acciones serán recordadas para siempre. Ellos tendrán influencia y honra" (Salmo 112:9 NTV).

Lo que escribí en mi Biblia es esto: "La generosidad gozosa es el mejor legado".

Una vez disfruté de una conversación memorable en un avión. Acababa de conocer al hombre sentado cerca de mí, la noche anterior en una reunión de liderazgo. Ambos nos sorprendimos al descubrir que estábamos viajando en el mismo vuelo, y sentados en la misma fila con un asiento abierto entre nosotros. Rara vez hablo mucho en un avión, o mucho menos establezco una conversación real. Esta es una que nunca olvidaré. A medida que avanzaba el vuelo, también avanzaba nuestra conexión personal, a medida que empezamos a hablar de las cosas que más nos importaban a cada uno de nosotros. Fue entonces cuando Jack hizo una declaración como nunca antes había escuchado de nadie: "Alan, ¡sólo quiero que me recuerden como un hombre generoso!

¿Cómo quieres ser recordado? El último día, no importará en qué tipo de casa vivíamos, o qué coche condujimos, o el tamaño de nuestro televisor de pantalla plana. Lo único que importará es lo que hicimos *con* Jesús y lo que hicimos *por* Jesús. En vez de vivir con una mentalidad de escasez, debemos vivir con una mentalidad de generosidad. Dios nos bendiga a todos para que seamos una bendición. Muchas veces eso pasa con nuestros tesoros, pero el mismo principio también se aplica a nuestro tiempo y talentos. Como he oído decir: "No tienes que alimentar a los cinco mil. Sólo tienes que traer tus panes y peces."

Mi pasión es vivir generosamente, buscando más *para* otros que *de* otros. Como Pete Ochs ha dicho, un empresario religioso y autor, se trata de una mayordomía de toda la vida: nuestro trabajo, nuestra influencia, nuestras finanzas y nuestra experiencia. Las finanzas son sólo una dimensión de una vida generosa. Cuando se trata de dinero, mucha gente tiene una estrategia de gasto. Algunos tienen una estrategia para invertir. Pocos tienen una estrategia para dar.

A DIOS LE IMPORTA LA GENEROSIDAD

Aunque la Palabra de Dios es clara sobre el tema del dinero, la mayoría del pueblo de Dios la ignora. Mucho menos del 10 por ciento de los cristianos, incluso dan la cantidad bíblica básica del 10 por ciento. Después de que yo enseñara sobre este tema durante muchos años, mis amigos pastores tomaron nota. Uno de ellos se acercó a mí y me sugirió que escribiéramos juntos un pequeño libro sobre el tema. De hecho, me preguntó en dos ocasiones distintas. Cada vez sentí que no era el tiempo correcto.

Unos cuantos años después, me enteré de que ese mismo pastor fue despedido. ¿La razón? Aunque él estaba supervisando al personal de una iglesia grande, se descubrió que él no había diezmado. Ni siquiera algo. Luego, tras repetidas advertencias, fue despedido por su falta de autoridad moral, y con razón. Ricardo Halverson, estimado ministro y autor estadounidense, ha dicho: "El dinero es un índice exacto del verdadero carácter de un hombre".

¡No puedo imaginar la vergüenza de que me descubran como alguien poco generoso!

De nuevo, ser poco generoso no es tan inusual, incluso para algunos en el liderazgo. Una pareja visitó una vez nuestra iglesia y escuchó su primer mensaje sobre el diezmo. Acababan de llegar de una pequeña congregación donde el marido había sido uno de los líderes. Mientras conducía a casa después del mensaje, él le dijo a su esposa: "Vaya, ¡nunca había escuchado algo así! El año pasado dimos una suma total de sólo trescientos dólares. ¡Tenemos que arreglar eso!

¡Ellos lo arreglaron! Inmediatamente comenzaron a diezmar, y rápidamente fue mucho más allá de eso. No dieron para enriquecerse, pero Dios definitivamente pronto los hizo ricos. Dios los sorprende, y todavía lo hace, con recursos poco comunes para administrar, y es una de las grandes alegrías de sus vidas. Recientemente dijeron: "La mejor decisión de nuestra vida fue venir a la Iglesia Rocky Mountain Christian Church. ¡El mensaje del diezmo lo cambió todo!"

NUESTRA RESPUESTA AL DINERO SE CONVIERTE EN NUESTRO TESTIMONIO

El dinero en manos de una persona generosa es un multiplicador de fuerza. Es a la vez una prueba y un fondo. Lo que hacemos con él se convierte en un testimonio. Ganar dinero para hacer la diferencia es algo noble. Dar generosamente, no vivir lujosamente, es el estándar de Dios para su pueblo. Como dijo una madre soltera de nuestra congregación: "¡Me encanta diezmar porque me hace sentir que soy rica!

Mis padres fueron fielmente modelos de diezmo y generosidad para mí. Uno de mis primeros recuerdos fue poner una moneda de diez centavos en mi sobre de ofrenda todos los domingos por cada dólar que había ganado. Recuerdo estar sentado en la iglesia, anticipando la ofrenda y pensando: *quienquiera que abra este sobre puede pensar que mis monedas de diez centavos no son gran cosa. Pero es mi diezmo de mi dólar. ¡Quiero hacer esto porque quiero ser fiel a Dios y a Su iglesia!*

Cuando yo era niño, las finanzas de nuestra familia siempre eran difíciles. En una ocasión, básicamente nos quedamos con salsa de tomate en la despensa. Nuestra madre nos reunió a mis hermanas y a mí en la cocina, y mientras nos tomamos de la mano, ella oró humildemente por provisión.

Poco después de eso, mi madre se presentó a un concurso de diseño. El desafío era remodelar una cocina completa para lograr la máxima eficiencia, y presentar un diseño utilizando el número máximo de muebles de cocina y electrodomésticos de la empresa. ¡Ella ganó! Aunque todavía no teníamos comida en abundancia en casa, ¡de seguro teníamos una hermosa cocina nueva para prepararla!

Dios tiene una capacidad ilimitada para bendecir a cualquiera. Durante una de las peores crisis financieras que nuestra iglesia jamás haya enfrentado, una impresionante joven visitante me sorprendió. Harmony se presentó y humildemente dijo: "Vi algo y sentí que usted debía escucharlo. Necesita tener las manos abiertas a la sabiduría para que pueda administrar los recursos que Dios le va a enviar".

Sus palabras y su comportamiento humilde hicieron un impacto inolvidable en mí. Eso fue hace muchos años, y sigo viviendo con la confianza de que Dios puede sorprenderme ¡en cualquier momento! Como 2 Crónicas 16:9 (LBLA) nos recuerda: "Porque los ojos del Señor recorren toda la tierra, para que Él pueda sostener firmemente aquellos cuyos corazones son completamente suyos".

¿Quién no quiere el apoyo fuerte de Dios? Cada familia de la fe desea la bendición de Dios, pero muchos aún no están listos para recibir su bendición.

Hace algunos años, la iglesia que yo dirigía instituyó lo que llamamos un desafío del diezmo de 90 días, con garantía de devolución de dinero. Nosotros prometimos dar un reembolso completo a cualquiera que comenzara a diezmar y no pudiera experimentar la bendición de Dios. Dejamos que cada uno definiera lo que significaba "bendición". ¿Adivina qué? Después de que cientos de personas aceptaran el desafío de 90 días, solo dos pidieron que les devolvieran su dinero.

Uno era un padre soltero que no dio ninguna explicación, pero aun así recibió un reembolso completo. El otro era el esposo de una mujer con necesidades médicas graves. Vino a los ancianos explicando su situación, y la necesidad de pagar costosos medicamentos recetados. Los ancianos sabiamente lo alentaron a seguir diezmando, pero prometieron cubrir el costo total de los medicamentos necesarios con el presupuesto de benevolencia de la iglesia. Una vez más, los líderes de Dios dieron consejos sabios y de Dios.

¿CUÁL SERÁ TU HISTORIA?

¿Ya has respondido al consejo audaz de confiar en Dios y diezmar? La realidad es que todos en algún momento hemos logrado sobrevivir con al menos un 10 por ciento menos de lo que ganamos ahora. La mayoría de nosotros somos mucho más ricos de lo que esperábamos ser. Ojalá mis padres hubieran sabido que nunca tenían que vivir con angustia financiera. Dios siempre fue su consejero financiero personal, y fiel a su Palabra, Él siempre proporciona en exceso, en su tiempo. ¿Qué te hubiera gustado que tus padres hubieran sabido sobre el dinero? ¿Qué te hubiera gustado que te hubieran enseñado tus padres sobre dinero?

Riqueza es tener todo lo necesario para hacer todo lo que Dios quiere que hagas. En un viaje misionero a Brasil, me invitaron a la casa de un trabajador desempleado. Era una casa sencilla para una familia de cuatro, pero tuvieron el honor de recibirme. Después de una visita breve, me invitaron a la cocina a disfrutar de pastel de chocolate. Hice una broma diciendo que debía ser el cumpleaños de alguien.

La mujer respondió diciendo: "No, no podemos permitirnos el lujo de tener pastel para cumpleaños. Sólo tenemos pastel para ocasiones especiales".

¡Me sentí más que humillado porque yo era la definición de una ocasión especial!

¿Alguna vez te has sentido humillado por la generosidad? Me ha sucedido demasiadas veces para contarlas. Una de las veces más memorables, fue en nuestra primera experiencia con un retiro "Journey of Generosity" ("Recorrido de Generosidad"). Vimos un vídeo con la historia de una empleada en una panadería llamada "Great Harvest" ("La gran cosecha").

Kathryn había estado ahorrando dinero para reemplazar su auto. Pero, cuando supo de un amigo con una gran necesidad, dio todos sus ahorros para ayudar. ¡La totalidad de sus ahorros eran $5,000!

Cuando se filtró la historia de la generosidad radical de Kathryn, varios intervinieron. No se limitaron a reabastecer su cuenta del auto, la cual estaba vacía, sino que tambien le compraron un auto. ¡Un auto nuevo! Tendrás que mirar la historia para tener el impacto completo. Ya lo he visto media docenas de veces y no deja de inspirarme (para ver el vídeo, ve a este enlace https://www.youtube.com/watch?-v=LIASx_kTv8M)

Cada vez que me siento demasiado orgulloso de mi propio nivel de donación, en comparación con otros, pienso en personas como Kathryn. Nosotros hemos liderado varios de esos eventos de generosidad, y cada uno de ellos me recuerda lo que Bryan Chrisman me dijo hace años. Bryan es líder de la National Christian Foundation, así que supe que podría conseguir algo de buena sabiduría de él. Cuando estaba luchando con cuánto es suficiente para dar, Bryan me dijo: "En el recorrido de generosidad, siempre habrá alguien delante de nosotros y alguien detrás."

¡Los líderes en generosidad me inspiran! Eric Most es otro líder en la National Christian Foundation. Una vez dijo: "No sólo damos por el ahorro de impuestos, sino para esparcir múltiples niveles de alegría".

LA GENTE GENEROSA ES GENTE ALEGRE

El gozo es el objetivo. Siempre que mi esposa Linda y yo hemos sumergido los dedos de los pies en las aguas más profundas de la generosidad, también hemos experimentado el gozo más profundo. Pero, eso no siempre ha sido fácil. C.S. Lewis escribió en *Mere Christianity* ("Mero cristianismo"): "No creo que uno puede decidir finalmente cuánto debe dar. Me temo que la única regla segura es dar más de lo que nos sobra. En otras palabras, si nuestro gasto en comodidades, lujos, diversiones, etc., es similar al estándar común entre aquellos con los mismos ingresos que los nuestros, probablemente estemos donando muy poco".[37]

Todos hemos oído decir que, a Dios no se le puede dar de más. ¿Has descubierto, alguna vez, la realidad de eso? Después de organizar y financiar un retiro de "Recorrido por la Generosidad" ("Journey of Generosity") para seis parejas, volvimos a ver que la alegría de dar es contagiosa. Nuestro deseo de ser generosos fue impulsado por nuestros amigos.

Cuando regresamos a casa, leí una idea del pastor y autor Chip Ingram: "La generosidad es una puerta de entrada a la intimidad con Dios." Eso es cierto; sin embargo, lo que me impactó fue que la generosidad había hecho algo más por nosotros, también. ¡Nuestra decisión de organizar un retiro, también sirvió como puerta de entrada a la intimidad con los demás! Nunca olvidaremos lo que Dios hizo ese fin de semana. ¡El "retorno de nuestra inversión", una vez más superó con creces nuestras expectativas!

A veces el precio que pagamos por bendecir generosamente a otros es invaluable para ellos. Tengo el privilegio de servir ahora en el consejo consultivo de la National Christian Foundation como "defensor de la generosidad". Si quieres más información sobre experiencias como las que hemos tenido, o sobre la biblioteca de recursos de NCF, ve a este enlace: ncfgiving.com/givingstrategy

¡Esto lo sé: el dinero es importante para todos! ¡Es por eso que, de alguna forma, aparece más de dos mil veces en La Biblia! En el libro *Money Matters: Faith, Life, and Wealth* ("El dinero importa: fe, vida y riqueza"), los autores dicen: "El dinero llega al corazón. No es neutral. Es un poder. Puede ser un problema radiactivo. Queremos tener dinero, pero el dinero quiere tenernos."[38]

¿Recuerdan los vecinos a los que hice referencia al principio de este capítulo, a quienes les robaron la mitad de sus cosas, la mejor mitad? Hablé con ellos cuando regresaron de sus vacaciones en Italia y me sorprendió lo poco que les afectó el robo.

Fue entonces cuando Brian y Andrea dijeron: "Bueno, el momento del robo fue asombroso. No sólo porque estábamos en Italia en ese instante, sino porque recién habíamos recorrido el pueblo de Asís donde San Francisco había vivido siglos atrás. Francisco había nacido en la casa de un rico comerciante, pero lo dejó todo para servir a los pobres."

Fue entonces cuando recibieron la llamada sobre el robo y el reporte de que se habían llevado la mitad de sus cosas, pero estaban completamente inquebrantables. ¿Por qué? Inmediatamente se dieron cuenta de que las cosas más importantes de la vida, no son cosas, en lo absoluto.

¿Qué haría falta para que usted vaya más allá de lo que muchos llaman la tiranía de las cosas materiales? Esperemos que no sea un robo o un descubrimiento en el lecho de muerte.

Como ha dicho Andy Stanley: "¿Quieres más posesiones, o quieres más historias? Esta es una pregunta vital, y un tema vital cuando se trata de la fuerza del alma.

¡Es imposible tener un alma fuerte, si tienes un corazón tacaño!

PREGUNTAS PARA REFLEXIONAR

¿Alguna vez has vivido con miedo financiero?

¿Cuándo te ha sorprendido la generosidad de Dios hacia ti, a través de otros?

¿Cómo te han inspirado las personas más generosas que conoces?

EL MODELO CONVERSACIONAL 4 D

Las 4D significan Deleite, Desánimo, Descubrimiento y Determinación. Reflexiona periódicamente y luego comparte ejemplos de cada uno. Será bueno para tu alma y profundizará tu conexión con otros.

Deleite: ¿Qué te ha estado provocando alegría y te ha animado recientemente?

Desánimo: ¿Qué ha sido recientemente perturbador, agotador o desalentador para ti?

Descubrimiento: ¿Qué ha sido especialmente esclarecedor o alentador para ti, de la Palabra de Dios y de este capítulo?

Determinación: ¿Qué te está impulsando Dios a seguir o a hacer, como resultado de procesar ideas de la Palabra de Dios y de este capítulo?

8

ACEPTA TUS LÍMITES

"NOSOTROS, POR NUESTRA PARTE,
NO VAMOS A JACTARNOS MÁS DE LO DEBIDO.
NOS LIMITAREMOS AL CAMPO QUE DIOS
NOS HA ASIGNADO SEGÚN SU MEDIDA,
EN LA CUAL TAMBIÉN USTEDES ESTÁN INCLUIDOS".

— 2 CORINTIOS 10:13

Noticia de última hora: ¡no puedes hacer todas y cada una de las cosas que quieres hacer! Cada vida es una vida limitada. Limitada por habilidad, capacidad y oportunidad. Eso es según el plan de Dios.

Estaba reflexionando sobre el tema de los límites mientras hacía natación, recordando repetidamente que debía permanecer en mi carril. Cuando salgo de mi carril, no es bueno para nadie.

Cosas diarias me recuerdan periódicamente que los límites son buenos para mi alma también. Ciertamente, todo lo que hay que hacer no debe hacerse ahora mismo o por mí. Al principio de mi ministerio, yo estaba intrigado con la idea de una responsabilidad limitada, incluso para Jesús. Jesús oró a su Padre: "Te he traído gloria aquí en la tierra, completando el trabajo que me encomendaste hacer" (Juan 17:4).

Al principio me pregunté cómo Jesús podía decir eso. Después de todo, Él obviamente no había alimentado a todos los hambrientos, ni curado a todos los enfermos, ni levantado a todos los muertos, ni enseñado a todo el pueblo. Entonces me di cuenta. ¡La tarea especial dada incluso a Jesús fue menor que la necesidad total! Lo mismo es cierto para todos nosotros. Nadie está llamado a hacer todo.

Con demasiada frecuencia estoy presionando los límites de la vida. Incluso ahora, a menudo, debo disciplinarme para no trabajar (o escribir) hasta altas horas de la noche. Durante años confundí el flujo de adrenalina con el flujo del Espíritu. Me di cuenta de que sólo porque estaba en mi momento de mayor energía, eso no significaba que otros quisieran hacer lo mismo.

Nunca olvidaré haber dirigido un retiro para el personal hace años cuando descubrí esto. Acabábamos de terminar de comer tarde en un restaurante concurrido. Esperaba regresar inmediatamente para liderizar otra sesión. Pronto supe que yo era el único que asumía eso. Todos los demás asumían que ya habíamos tenido suficientes cosas embriagadoras por el día. En cambio, lo que más necesitábamos era descansar y disfrutar las cosas del corazón, de simplemente relajarse juntos. Mientas todos ellos se reían de mi falta de conciencia, yo entendía el punto. Ve despacio.

Marca eso como uno de mis puntos ciegos. Es fácil para mí acelerar y no ver el momento.

¿SABES REALMENTE LO QUE SIGNIFICA LA PALABRA SHABAT?

Cuando se trata de exceder los límites de velocidad de la vida, no estoy solo. Por eso el Señor instituyó el ritmo del Shabat. ¡La palabra literalmente significa "detenerse"!

Al pueblo de Dios se le dijo no sólo que se tomara un descanso, sino que apartara un día a la semana para la adoración, el descanso y la renovación del alma. Samuel Chadwick, un líder wesleyano metodista del siglo pasado, ha dicho que la prisa es la muerte de la oración. También podríamos decir que la prisa es la muerte de la profundidad y de un alma próspera y saludable.

Hay una historia de un visitante a África, que aprendió esto de los maleteros cargando sus pertenencias. Después de varios días de viaje, una mañana los maleteros no salieron del campamento. El visitante le preguntó a qué se debió el retraso. ¡Le dijeron que los sabios nativos estaban esperando que sus almas alcanzaran a sus propios cuerpos!

El Shabat está destinado a ser un regalo de Dios, enriquecedor de vida, para todos nosotros. En la edición revisada de su libro clásico *Soul Feast*, Marjorie Thompson incluye un capítulo llamado "Reclamando el tiempo del Shabat: El arte sagrado de cesar". Ella dice: "valorar y proteger el ritmo sagrado del Shabat es una elección radical, particularmente en una cultura tan dedicada como la nuestra a la producción y al logro."[39]

Ella comenzó el capítulo recordando cuando una amiga hizo referencia a "la belleza de las fronteras". La autora Flora Wuellner, nos recuerda a todos que los paisajes se vuelven más bellos con cercas, setos y lechos de flores. De la misma manera sucede en nuestro jardín. Hace varios años, agregamos toneladas de roca, mantillo y bordes frescos para definir mejor el paisaje. Como resultado, no hay un día que pase sin que yo disfrute un festín visual.

Hay un valor definitivo, en la definición clara de nuestros paisajes y nuestras vidas. Uno de mis nuevos ritmos sabáticos semanales es simplemente repasar la semana anterior con las 4D de deleitar, desánimo, descubrir y determinar. Empecé a hacer esto en preparación para dirigir un grupo pequeño de hombres de cuidado del alma en la iglesia, como una manera para traerlos a mi mundo. ¡No me imaginaba que, este ritmo de diez minutos, me ayudara a reencontrarme con mi propio ritmo!

¡Ahora, cada semana que pasa, miro hacia atrás y lo veo como extraordinario!

¿CUÁNDO Y DÓNDE REFLEXIONAS?

Hay un gran valor en reflexionar. Lo mismo ocurre con otra práctica más extensa denominada R.A.P.: Revisión-Análisis-Plan. Solía hacer esta actividad mensualmente para mis intercesores; ahora lo hago trimestralmente. Francamente, es una tarea ardua comenzar, pero es una tarea que conduce consistentemente a un descubrimiento gratificante para el alma. Esto es lo que dice la Biblia sobre cada paso de esta práctica.

- Revisión: "Consideré el rumbo de mi vida y me volví para seguir tus leyes" (Salmo 119:59 NTV).
- Análisis: "Habla, Señor, tu siervo escucha" (1 Samuel 3:9 NTV).
- Plan: "Si piensas hacer el bien, recibirás amor inagotable y fidelidad" (Proverbios 14:22 NTV).

Utilizo un esquema de viñetas para tomar nota de los aspectos más destacados en cada categoría. Luego, escribo algunos párrafos de análisis. Finalmente, agrego algunas viñetas más para identificar las próximas oportunidades. Tengo la intención de seguir adelante.

Mi calendario es mi amigo. Yo uso un calendario digital sólo para algunas cosas. Utilizo un calendario de papel para la mayoría de las cosas. Reflexiono mejor escribiendo sobre el papel. Algunos lo llaman la nueva tecnología.

Nuestra cultura de liderazgo se basa mucho en métricas de desempeño, pero muy poco en reflexionar. Esto es lo que sé: mi capacidad de reflexionar es clave para mi efectividad. Cuanto más tiempo invierto en la reflexión, más efectivas parecen ser las inversiones de mi vida. Esto es parte de mi ritmo enriquecedor del alma, tanto diariamente, como semanal, mensual y anualmente.

Comencé a aprender esta lección cuando era niño y me aburría en la iglesia. Aunque las prédicas fueron presentadas brillantemente, gran parte de ellas pasaban sobre mi cabeza. Como mis amigos podían atestiguar, tenía un problema grave de arrastre: mis padres me arrastraban a la a la escuela dominical y a el servicio de adoración todas las semanas, y luego nuevamente todos los domingos por la noche me arrastraban al grupo de jóvenes para escuchar otro sermón más. Aunque a menudo encontraba poco que llamara mi atención, todavía recuerdo el valor de detenerse y quedarse quieto. De hecho, me refería al domingo como "mi día para pensar".

¿Cuándo es tu día para pensar? ¿Dónde es tu lugar para pensar? Ward Beecher, otro famoso clérigo estadounidense y también activista, dijo una vez: "dondequiera que hayas visto pasar a Dios, márcalo, y ve y siéntate en esa ventana otra vez".

Aquí hay otra palabra reveladora de Oswald Chambers, que me refrescó esta misma mañana:

Debemos tener un lugar especialmente seleccionado para la oración, pero una vez que llegamos allí, esta plaga de pensamientos errantes comienza, cuando empezamos a pensar: "Esto necesita hacerse y tengo que hacerlo hoy". Jesús dice "Cierra tu puerta". Tener una quietud secreta ante Dios, significa cerrar deliberadamente la puerta a nuestras emociones y recordarlo a Él. Dios está en secreto y Él nos ve desde "el lugar secreto". Él no nos ve como otras personas lo hacen, o cómo nos vemos a nosotros mismos…a menos que aprendas a abrir la puerta de tu vida por completo, y dejes que Dios entre desde el primer momento cuando comienza un nuevo día, estarás trabajando en el nivel equivocado durante todo el día. Pero, si abres completamente la puerta de tu vida y "oras a tu Padre que está en el lugar secreto", cada cosa pública en tu vida quedará marcada con la huella duradera de la presencia de Dios.

Mi "lugar secreto" es mi estudio en casa, con un hermoso ventanal que da a un pequeño parque. Es el lugar donde yo cultivo la contemplación diariamente. Además, he colocado dos recuerdos importantes para mí en una silla en la esquina. La primera fue una sorpresa de mi madre. Ella hizo un bordado, de una nota garabateada que escribí cuando tenía ocho años. Evidentemente, yo lo colgaba como advertencia en la puerta de mi habitación para mantener a mis hermanas alejadas: "Esta es mi abitasion, a la ke yo puedo ir y nadie me puede laztimar".

Todos necesitamos un lugar seguro. ¿A qué lugar puedes ir donde nadie puede hacerte daño?

¿Cuáles son los recuerdos que te ayudan a acordarte de tu pequeña parte en el gran propósito de Dios?

¿QUÉ TE DIRÁ DIOS?

El segundo recuerdo en mi silla para arrodillarme, es una simple placa que dice "¡Quédense quietos y sepan que yo soy Dios!" (Salmo 46:10 NTV).

No hace mucho, estaba teniendo dificultades para lograr que mi esposa viera la sabiduría de mi lado de UN argumento. De repente pensé en otra ilustración más que seguramente cerraría el negocio y la convencería de que yo tenía la razón.

Justo antes de reunirme con ella para almorzar, comencé a arrodillarme y cuando lo hice, me detuvo el recuerdo del Salmo 46:10: "¡Quédense quietos y sepan que yo soy Dios!". No pude evitar reírme. Yo oré: "Está bien, ¡lo entiendo! ¡Necesito callarme, no decir más nada, y dejarte convencerla!"

No recuerdo el debate, pero sí recuerdo que en realidad disfrutamos de un almuerzo sin tensiones. Por otra parte, tal vez esa fue la respuesta a mi oración. Como dijo Salomón: "El verdadero sabio emplea pocas palabras; la persona con entendimiento es serena." (Proverbios 17:27 NTV).

¡Estoy aprendiendo poco a poco el valor de un pensamiento en silencio! Como un hombre sabio lo expresó: "La diferencia entre un mal matrimonio y un buen matrimonio, es dejar tres cosas sin decir cada día." Esta es una sabiduría vital para mí. Mi fortaleza es usar las palabras. ¡Mi debilidad es usar demasiadas palabras! Una y otra vez he tenido que aprender la importante lección de decir menos, no más.

John Ortberg ha escrito un libro útil titulado *Soul Keeping: Caring for the Most Important Part of You* ("Guardando el alma: Cuidando la parte más importante de ti"). Él comparte la historia de cuando el Dr. Dallas Willard, estimado profesor de filosofía en la USC, estaba siendo desafiado por un estudiante arrogante. En lugar de corregirlo, simple y suavemente termino la clase. Más tarde, alguien le preguntó por qué no lo corrigió y derribó a su joven crítico. Dallas respondió: "Estaba practicando la disciplina de no tener la última palabra."[40] ¡Eso es poderoso!

Cuando nuestra iglesia estaba en una batalla costosa y prolongada, sobre el uso de la tierra con el condado de Boulder, necesitábamos ayuda. Reclutamos el asesoramiento de los mejores abogados de bienes raíces en el estado. Los abogados Darrell Waas y Kathryn Hopping fueron invaluables.

En preparación para mi testimonio ante el tribunal federal, Kathryn me enseñó a no decir demasiado. Ella también me entrenó a no responder preguntas que nadie hacía, y definitivamente a no intentar ser gracioso. Tuve que trabajar en todos ellos, especialmente en el último. Cuando llegó el momento de mi extenso testimonio ante el tribunal, todo salió bien, pero no tan bien como hubiera querido.

En el interrogatorio privado con Kathryn, ella supo lo frustrado que yo estaba. Estaba completamente desanimado por no tener más tiempo para comunicar nuestro caso de forma clara y apasionada. Kathryn no tardó mucho en recuperar mi sobriedad y decirme: "Alan, ¡no todo depende de ti! Tenemos un caso sólido y una lista sólida de testigos. ¡Relájate!, no todo depende de ti. ¡Por eso yo a menudo la llamo Kathryn la Grande!

Aprender a relajarse en la soberanía de Dios es un desafío que dura toda la vida para muchos. En su libro *You Gotta Keep Dancin'* ("Tienes que seguir bailando"), Tim Hansel cuenta cómo tuvo que aprender esta lección, después de una grave lesión de espalda al escalar montañas. Un amigo le envió una placa con las palabras "Tim, confía en mí. ¡Tengo todo bajo control! Jesús."[41]

Irónicamente, el cristal de la placa se rompió durante el envío. Tim dijo que nunca lo ha reemplazado. Considera que el mensaje es aún más poderoso detrás de los cristales rotos.

¿Cómo es que, algunos parecen escuchar a Dios hablar tan profundamente y otros no? Para mí la clave es el silencio. Aquí está el secreto: Dios rara vez grita; principalmente susurra.

Se nos dice en el Salmo 25:14 (NVI): "El Señor brinda su amistad a quienes le temen". En Proverbios 3:32 (NVI) leemos que El Señor "al íntegro le brinda su amistad". En otras palabras, "Él es amigo íntimo de los rectos" (Proverbios 3:32 LBLA). Intimidad significa, estar estrechamente unidos con el propósito de una comunicación en confidencia. Dallas Willard dice: "La gente está destinada a vivir en una conversación continua con Dios, hablando con Él y Él hablándole a la gente".

LÍMITES QUE ELEGIMOS PARA NOSOTROS MISMOS

Dios parece hablarme principalmente sobre mi actitud. Él me recuerda diariamente que debo cambiar mi enfoque, de mis problemas a su presencia y su promesa de provisión. Sé que no estoy solo en eso.

Como nos dice Proverbios 15:15 (NVI): "Todos los días de los oprimidos son miserables, pero el corazón alegre tiene un continuo banquete." Y Proverbios 15:30 dice: "La mirada alegre trae alegría al corazón; las buenas noticias favorecen la buena salud".

En uno de nuestros viajes a África, conocimos a una niña que necesitaba un patrocinador. Ivine vive con su familia, en el barrio pobre de Mathare Valley en Nairobi. Después de varios años de correspondencia, compartió su pasaje favorito de la Biblia con nosotros.

"Te alabaré, Señor, con todo mi corazón; voy a contar de todas las cosas maravillosas que has hecho. Estaré lleno de gozo gracias a ti. Cantaré alabanzas a tu nombre, oh, altísimo" (Salmo 9:1-2 NTV).

Ivine irradia una alegría incontenible, a pesar de que vive con su familia de doce miembros en una pequeña choza. Tienen una casa pequeña, sin ventanas, luz ni sistema de plomería. Sin embargo, este pasaje que se centra en alabar al Señor es su favorito, demostrando una vez más que el gozo está a solo una decisión de distancia. Esto es cierto incluso en los barrios que muchos llaman marginales en Nairobi.

¿Será que todos podemos elegir la alegría? Basado en el tipo de personalidad, algunas personas parecen predispuestas a ver más lo aburrido de la vida, mientras que otras parecen predispuestas a ver más las delicias. Sin embargo, creo que en última instancia es nuestra elección la que determina nuestro grado de alegría.

No tenemos que vivir en perpetua consternación; de hecho, ¡El Señor nos dice claramente que no lo hagamos! "Así que no temas, porque yo estoy contigo; no te angusties, porque yo soy tu Dios. Te fortaleceré y te ayudaré; te sostendré con la diestra de mi justicia." (Isaías 41:10 NVI).

Los líderes a los que asesoro se enfrentan a tiempos difíciles en este momento, ¡los más duros en la vida de liderazgo! Si alguien alguna vez necesita más documentación de malas noticias, yo siempre tengo algunas. Ni un día pasa que no esté profundamente perturbado, no sólo por las noticias nacionales, sino aún más por algunos de los informes tras bastidores, que escucho de líderes de iglesias cercanas y lejanas.

Son tiempos difíciles. Pero cada vez que tengo una sobredosis por mensajes de desesperación en los medios, la Palabra de Dios me ayuda a replantear todo. La vida es una letanía incesante de golpes duros y golpes al corazón, pero Jesús dijo: "pero ¡anímense! Yo he vencido al mundo." (Juan 16:33 NVI).

Ahora, cuando reviso rápidamente las noticias locales, nacionales y mundiales, ya sé que van a ser malas noticias. Por eso intento abordar las noticias con una alegría decidida. Primero, yo trato de limitar severamente mi exposición a las malas noticias del día. Luego, cuando las leo o reviso brevemente, lo hago en contraste con el estándar del llamado del Señor a animarme, ¡porque Él ha vencido el mundo! Como nos recuerdan periódicamente los editores de la revista *World Magazine*, "las noticias no importan, el propósito del Señor prevalece" El pastor Chuck Swindol lo resume bien: "Dios no es soberano 'de vez en cuando'".

Nadie escapa a los tiempos difíciles. Una vez me sentí avergonzado después de compartir algunos de mis lamentos y quejas, sólo para aprender que el hombre con el que estaba hablando había sido acribillado con una serie de tragedias, mucho más allá de todo lo que yo había soportado. Cuando me disculpé por mis quejas me sorprendió cuando dijo: "Está bien, cada uno tiene su propia definición de lo que es difícil". Me sentí humillado por su gracia.

Cuando un buen amigo luchó con el ataque temprano de Alzheimer de su esposa, su largo adiós comenzó. Eso fue desgarrador para Walt y sus hijos. Cuando le pregunté cómo soportó este gran dolor, dijo que estaba aprendiendo el poder de Isaías 61:3. Él estaba eligiendo ponerse un manto de alabanza, en lugar del espíritu de pesadez.

La vida es dura para todos, ¡pero Dios es bueno! Por eso, el salmista dijo: "¿Por qué estás tan abatida, alma mía? ¿Por qué estás tan angustiada? En Dios pondré mi esperanza y lo seguiré alabando. ¡Él es mi salvación y mi Dios!" (Salmo 42:5 NVI). ¡Ese estribillo es repetido tres veces en el Salmo 42 y 43, cuando vemos a David decirlo a sí mismo para animarse!

En *New Morning Mercies* ("Misericordias de la mañana nueva"), Paul David Tripp agudizó esta realidad para mí. Él escribe, "Nadie es más influyente en tu vida que tú, porque nadie te habla más que tú. Es un hecho que tú y yo estamos en una conversación interminable con nosotros mismos. La mayoría de nosotros hemos aprendido que es mejor no mover los labios. porque la gente pensará que estamos locos, pero nunca dejamos de hablar a nosotros mismos."[42]

¿Qué te has estado diciendo a ti mismo últimamente? El doctor David Martyn Lloyd-Jones, quien había sido médico y se convirtió en pastor, dijo: "¡La causa central de la depresión espiritual, se debe al hecho de que estás escuchándote a ti mismo en lugar de hablar contigo mismo!"[43]

Yo, por mi parte, necesito hablar conmigo mismo todos los días, todo el día. De nuevo, mi amigo Dr. Wes Beavis nos recuerda que, parte de nuestro dolor está siempre bajo nuestro control. "Cuando experimentas dolor, la historia que te cuentas a ti mismo sobre la experiencia puede exacerbar o reducir el dolor. Tú puedes escribir la historia".

El mensaje que necesito escribir y escuchar repetidamente es claro:

- Anímate: ¡hay uno que redime todas las cosas!
- Anímate: ¡el puesto de Salvador no está vacante!
- Anímate: ¡ahora no es para siempre!
- Anímate: ¡el propósito del Señor prevalecerá!
- Anímate: ¡por la gracia de Dios, lo mejor está por llegar!
- Anímate: ¡Jesús ha vencido al mundo!

LOS AMIGOS SABIOS HABLAN LA VERDAD EN AMOR

Uno de los signos de la madurez es escuchar bien a quienes son más sabios. ¿Cuánto tiempo ha pasado desde que alguien te dio el regalo de su conocimiento?

Durante una reciente videollamada del grupo de pacto, fue obvio que una pesada nube se cernía sobre las cabezas de varios. Fue entonces cuando yo repetí una frase, que a menudo he compartido, con aquellos atrapados en el barro de la dificultad. Dije en oración: "Señor, por aquellos que tienen poca esperanza ahora mismo, ayúdalos a tomar prestado algo de la mía, ya que me has dado algo extra de sobra".

Unos minutos más tarde, uno de los chicos me pidió que repitiera lo que él me escuchó orar.

¿Cuáles son las cosas que necesitas repetirte regularmente? ¡Incluso si no somos lentos para aprender, tendemos a olvidar rápidamente! Necesitamos que se nos recuerde una y otra vez la fidelidad de Dios. No estamos solos, no hemos sido olvidados, no estamos sin esperanza. Él está aquí.

Se ha dicho: "Lo que nos duele no es lo que sabemos, sino lo que creemos saber y no es cierto". En su esclarecedor libro *The Body Keeps the Score* ("El cuerpo lleva la cuenta"), el Dr. Bessel van der Kolk comparte una profunda visión de su mentor, el psiquiatra Dr. Elvin Semrad: "Las fuentes más importantes de nuestro sufrimiento, son las mentiras que nos decimos a nosotros mismos."[44]

Después de escuchar a un líder compartir sus dudas y temores sobre sí mismo, a veces lo sorprendo con un regaño "Eres un gran mentiroso apestoso. Deja de mentirte a ti mismo. No estás ni sin ayuda, ni sin esperanza. ¡Cristo está en ti, Él está para ti!"

Eso no es un menosprecio, sino un llamado de atención. Proverbios 27:6 (NVI) nos recuerda: "Se puede confiar en las heridas de un amigo". Todos necesitamos unos pocos que sean intencionalmente intrusivos, que tengan la libertad de corregirnos y desafiarnos, y evitar que digamos cosas estúpidas, a nosotros mismos o sobre nosotros mismos, que agotan el alma.

El sheriff Joe Pelle es uno de mis amigos más antiguos. Nosotros hemos tenido una amistad desde mucho antes de sus cinco mandatos consecutivos como sheriff del Condado de Boulder. Nos hemos reunido mensualmente durante décadas para alentarnos el uno al otro. Un día durante el almuerzo, compartí una sencilla serie de preguntas que esa mañana me inspiró el mensaje de Proverbios 15. A Joe les gustó tanto que las compartió con el jefe de su trabajo.

- ¿Qué consejos sabios has recibido recientemente? "Los labios de los sabios dan buenos consejos" (Proverbios 15:7 NTV).

- ¿Quiénes son tus sabios consejeros? "Los planes fracasan por falta de consejo; muchos consejeros traen éxito." (Proverbios 15:22 NTV).
- ¿Qué crítica constructiva has escuchado recientemente? "Si escuchas críticas constructivas, te sentirás en casa entre los sabios" (Proverbios 15:31 NTV).

Cada uno de nosotros tiene algunos puntos ciegos; desafortunadamente, nosotros no sabemos cuáles son. ¡Si lo supiéramos, no serían puntos ciegos! Si supiéramos ya todo lo que los demás saben, no necesitaríamos pedir a otros que compartieran sus ideas, y mucho menos escucharlos.

Con frecuencia me refiero a mi esposa como mi crítica más leal y mi consejera más sabia. Después de cenar con otra pareja del ministerio, amablemente desafié al esposo a que dejara de lado su inflexibilidad, y escuchara más a su esposa. Mi amigo se erizó un poco y me desafió rápidamente. Le preguntó deliberadamente a Linda: "Entonces, ¿cuándo ha escuchado Alan tu regaño recientemente?"

Ella ni siquiera respiró hondo antes de responder: "Eso, en realidad, acaba de suceder. Se estaba preparando para ir al gimnasio para otra clase más de ciclismo adentro, en un hermoso día. Él algunas veces se queda atascado en sus rutinas, así que dije: 'En lugar de hacer ejercicios aeróbicos adentro en un día soleado, y escuchar a un instructor gritándote para que sigas yendo más rápido mientras no vas a ninguna parte, ¿Por qué no vas a nadar a la piscina hermosa al aire libre en la ciudad?' Él aceptó de mala gana, así que le dije qué hacer. Yo incluso empaque su bolso con todo lo que necesitaba, como si fuera un niño pequeño. ¡Pero lo hizo! ¡Ahora es su nuevo ejercicio favorito!"

¿Quién te conoce lo suficientemente bien, como para decirte la verdad con amor?

Mis amigos más cercanos, definitivamente, se turnan para decirme la verdad en amor. A menudo es profundamente alentador. Siempre atesoraré las palabras de Cam Huxford cuando me estaba tambaleando durante unas crisis que ocurrían al mismo tiempo. Estaba tan agotado emocionalmente que no apreciaba la gracia sustentadora de Dios. Fue entonces cuando Cam dijo: "Encontraste 'la tormenta perfecta', pero aún así lograste que el barco regresara sano y salvo a puerto. En Savannah decimos: "puedes prepararte para una tormenta, pero no puedes prepararte para un huracán; ¡solo puedes orar para sobrevivir!'".

Más tarde encontré esto en el Salmo 107:29–32 (NVI):

Cambió la tempestad en suave brisa:
    se sosegaron las olas del mar.
Ante esa calma se alegraron
    y Dios los llevó al puerto anhelado.

¡Que den gracias al Señor por su gran amor,
    por sus maravillas en favor de los hombres!
¡Que lo exalten en la asamblea del pueblo!
    ¡Que lo alaben en el consejo de los líderes!

Las crisis son inevitables en el liderazgo. No es si sino cuándo y hasta qué punto nos golpean a todos. Todo el mundo necesita una persona segura para procesar los golpes y heridas de la vida en el liderazgo.

LOS LÍMITES HACEN SOSTENIBLES LAS BUENAS OBRAS

Muchos agentes del orden público lo entienden. En mis conversaciones mensuales con mi amigo, el sheriff del condado de Boulder, Joe Pelle, normalmente menciona una crisis actual que está enfrentando.

Hace varios años, Joe me presentó un recurso esclarecedor. Incluso organizamos un seminario para policías de nuestra región con Kevin Gilmartin, autor de *Emotional Survival for Law Enforcement* ("Supervivencia emocional para agentes del orden público"). Ahí es donde aprendí sobre el costo emocional de la hipervigilancia.

Quienes enfrentan grandes desafíos, e incluso amenazas, siempre están en alerta máxima en el trabajo. Cuando están fuera de servicio, normalmente se desconectan. Es confuso para ellos y para todos los que los aman. ¿Cómo es posible que esté tan atraído y consciente cuando está en el trabajo, pero tan distraído cuando no está de servicio y está en casa? Los esposos de quienes trabajan, tanto en el cumplimiento de la ley como en el ministerio, a menudo enfrentan esta confusión. ¿Por qué está, tan a menudo, distante y desconectado de las personas que ama?

Cuando he compartido este patrón con los pastores, todos se pueden identificar. Es posible estar físicamente presente durante una cena familiar, y sin embargo emocionalmente ausente. Es el precio del liderazgo. Una vez compartí este tema con veinte pastores que servían en los barrios marginales de Nairobi. Ellos también vieron el mismo patrón al lidiar con privaciones, adicciones y peligros continuos. Mientras ellos enérgicamente servían a sus congregaciones, a menudo les quedaba poca energía para compartir con sus propias familias.

Mientras hablábamos del peligro de vivir con hipervigilancia en los barrios marginales, todos sabían que necesitaban ayuda y esperanza. Esto es lo que motivó a los supervisores entre ellos, a lanzar grupos pequeños de pacto para la fortaleza del alma.

Los límites son parte de los regalos de Dios para todos nosotros: límites físicos, límites de oportunidades, incluso límites emocionales. Ningún líder jamás prosperará sin otros líderes que entiendan, realmente, lo que es liderar en situaciones difíciles. No necesitas mucha gente para hacer eso. Tú sólo necesitas las personas adecuadas, personas que tengan la credibilidad para recordarte que reconozcas tus límites, ya que los límites son buenos para tu alma.

PREGUNTAS PARA REFLEXIONAR

¿Cuándo has pagado el precio por aventurarte "fuera de tu carril"?

¿Quiénes son tus críticos más leales y tus asesores más sabios?

¿Cómo te está enseñando Dios la bendición de los límites?

EL MODELO CONVERSACIONAL 4 D

Las 4D significan Deleite, Desánimo, Descubrimiento y Determinación. Reflexiona periódicamente y luego comparte ejemplos de cada uno. Será bueno para tu alma y profundizará tu conexión con otros.

Deleite: ¿Qué te ha estado provocando alegría y te ha animado recientemente?

Desánimo: ¿Qué ha sido recientemente perturbador, agotador o desalentador para ti?

Descubrimiento: ¿Qué ha sido especialmente esclarecedor o alentador para ti, de la Palabra de Dios y de este capítulo?

Determinación: ¿Qué te está impulsando Dios a seguir o a hacer, como resultado de procesar ideas de la Palabra de Dios y de este capítulo?

9

PERSIGUE EL SÍ MÁS GRANDE

"DESEO CUMPLIR UNA GRAN Y NOBLE TAREA,
PERO ES MI PRINCIPAL DEBER LOGRAR HUMILDES
TAREAS, COMO SI FUERAN GRANDES Y NOBLES."

— HELEN KELLER

Mis planes para el día siguiente cambiaron con un simple texto. Mi mejor amigo de Savannah me preguntó si podría reunirme con él en el aeropuerto de Denver para desayunar antes de irse de vacaciones con la familia en Colorado. Mi respuesta de una palabra fue de manera enfática: "¡Absolutamente!"

La razón por la que dejé inmediatamente de lado mis planes anteriores fue simple: de repente sentí un "sí más grande" ardiendo en mi interior—un fuerte impulso que se apodera de mí y se convierte en la prioridad número uno para mí. Algunos días son así, cuando experimentamos una oportunidad inesperada y enriquecedora, que de repente cambia todo para mejor.

Pocas personas en mi vida me levantan el ánimo tanto como mi amigo que tengo desde hace cincuenta años, Cam Huxford. Como una vez Pablo dijo sobre su joven estudiante, Timoteo: "No tengo a nadie como él" (Filipenses 2:20).

Se ha dicho que no puedes salir y hacer viejos amigos; ¡O los tienes, o no los tienes! Tengo la suerte de tener muchos buenos amigos, tanto viejos como nuevos. Prácticamente todos ellos se han hecho mis amigos de la misma manera. . . despacio. Yo he cultivado esas amistades, a lo largo de los años, haciendo tiempo para mis amigos mientras ellos han hecho tiempo para mí. Esto lo sé: si no tienes tiempo para tus amigos, no tendrás ninguno. Los amigos siempre son parte del "el sí más grande" de mi vida.

Mi labor es principalmente relacional. A veces eso definitivamente puede ser un inconveniente e incluso agotador, pero más que nada es profundamente satisfactorio. Sé que esto es lo que estoy llamado a hacer, es decir, animar a los líderes cristianos y especialmente a conectarse entre ellos. Esta es mi pasión, es mi "sí más grande".

Todos necesitamos prestar atención al mensaje de Dios y, a veces, incluso el estímulo del pueblo de Dios para perseguirlo fielmente. Como mi amigo Ross Runnels dijo una vez: "Soy un perro bastante bueno cuando se trata de perseguir ardillas. ¡Sólo necesito que mi equipo me recuerde qué ardilla debería estar persiguiendo!"

Alguien dijo una vez que, para dejar un legado duradero debemos vivir por algo definido. Mi deseo definitivo es poner fin a la carga desgarradora del aislamiento con la que tantos luchan. Sé de primera mano que el líder aislado es el líder vulnerable. Estoy dispuesto a ayudar a cambiar eso, y casi todos los días Dios me da el privilegio de catalizar conexiones enriquecedoras para la vida de otros. Esto es profundamente gratificante.

A lo largo de los años, he etiquetado este gran sentido de persuasión como el "sí más grande". Creo que no hay reemplazo para tener un sentido inquebrantable del deber, como cuando algo debe ser tomado en cuenta…¡en este momento!

TÚ TAMBIÉN TIENES UNA ASIGNACIÓN ESPECIAL

¿Cuál es tu "sí más grande"? Y aquellos más cercanos a ti ¿saben cuál es? Una vez más, el apóstol Pablo ha dicho algo acerca de esto: "Pero tú, Timoteo, ciertamente sabes lo que yo enseño, y cómo vivo y cuál es mi propósito en la vida. Tú conoces mi fe, mi paciencia, mi amor y mi aguante" (2 Timoteo 3:10 NTV). Todos necesitamos vernos a nosotros mismos, y ser vistos por unos pocos más cercanos, como dedicados a algo que es más grande que nosotros mismos.

- ¿Qué es eso para ti?
- ¿Quiénes son ellos para ti?

¿Cuál es tu tarea especial? Recientemente, disfrutamos de una visita de cuatro horas con una pareja inspiradora, que hemos llegado a amar a lo largo de los años a medida que los hemos visto crecer en gozosa generosidad. Los contamos entre nuestros verdaderos héroes. Como dijo el salmista, "¡Los justos de la tierra son mis verdaderos héroes! ¡Ellos son mi deleite!" (Salmo 16:3 NTV).

Aquellos que disfrutan del estatus de héroe, para todos nosotros, viven con un sentido de misión y tienen tres cosas en común:

- Obediencia prolongada
- Alegría profunda
- Gran generosidad
- Lealtad comprobada

"Un héroe", escribió el autor Joseph Campbell, "es alguien que ha entregado su vida a algo más grande que él mismo". Después de una gran comida, nuestra relajante conversación llevó a que Del, uno de nuestros verdaderos héroes, sonriera y dijera: "¡Me gusta ganar dinero para poder regalarlo!"

Él, como yo, disfruta del gran privilegio de saber qué está llamado a hacer. Nuevamente me inspiro en el salmista: "El Señor es la parte de mi herencia y mi copa, tú eres quien diriges mi destino. Me ha tocado una buena porción, mi heredad me deleita." (Salmo 16:5–6 BLPH).

Todas las asignaciones de Dios son buenas y todas vienen con ciertos límites. Definitivamente no tengo el don que tiene mi amigo de ganar dinero, pero claro, él fácilmente admitiría que él tampoco tiene mis dones. Quizás por eso hemos disfrutado de una gran sociedad a lo largo de los años. Nosotros celebramos las tareas que Dios nos ha dado a cada uno. Y son esas asignaciones divinas las que nos mantienen con energía, y nos dan una razón para apoyarnos en el futuro.

Se ha dicho que tu visión es cualquier cosa que, para lograrla, retrasarías ir al cielo: ese es el máximo "si más grande" La versión El Mensaje de la Biblia (en inglés), presenta 1 Timoteo 1:1 de esta manera: "Yo, Pablo, soy un apóstol con una misión especial para Cristo, nuestra esperanza viva" (par).

¿Tienes la sensación de que te encuentras en una misión especial? ¿De que algo importante se te ha encomendado para hacerlo: un llamado que importa?

VIVIR UNA VIDA CON LLAMADO

El columnista del New York Times, David Brooks, sugirió que hay dos formas de pensar acerca de la vida: "la vida bien planificada" y "la vida con llamado".[45] Como ávido planificador, he estado diariamente atrapado por esa distinción. ¿Qué importa si mi vida se consume con logros, si estos no están en consonancia con mi tarea especial?

C.S. Lewis observó una vez que, la mayor dignidad de un hombre no se encuentra en iniciativa sino en respuesta. En cierto sentido, todos debemos vivir en respuesta a la gracia de Dios. Estas asignaciones, ya sean grandes o pequeñas, son en última instancia más una bendición que una carga. Vivir con un sentido de llamado es ennoblecedor e inspirador.

¡Cuando tengo la sensación de que tengo una misión divina, ese "sí más grande" lo cambia todo! Estaba sentado con varios pastores amigos, turnándonos para confesar nuestros miedos más profundos. Las palabras de uno de ellos realmente resonaron en mí. Él dijo: "Mi mayor temor no es simplemente caer en algún tipo de inmoralidad, sino no cumplir la tarea que Dios me ha dado, y no poder aprovechar las oportunidades que Dios ha puesto delante de mí".

Nuestro llamado más alto es responder a la convocatoria del "sí más grande" que Dios tiene para nosotros. Sin embargo, a veces eso es más confuso de lo que parece.

Por ejemplo, nunca quise ser misionero. Soy uno de aquellos que literalmente oraron: "Señor, ¡por favor no me envíes a África!" Eso fue durante mis primeros años de escuela secundaria, y fue una genuina preocupación mía por alguna razón, no porque alguien estuviera tratando de llevarme a África. ¡Sólo tenía miedo de que, algún día, "alguien"—es decir, Dios—podría hacerlo!

Cuando era un niño delgado en Chicago nunca me imaginé caminar a través de la selva africana, usando un casco protector y llevando una pistola para elefantes. Odiaba la idea de ir a África; tal vez por eso me persiguió tanto.

En aquellos días, mi visión de la voluntad de Dios era más retorcida de lo que parecía. A veces pensaba que, si no quería hacer algo, ¡eso debía ser una señal segura y cierta de que Dios si quería que yo lo hiciera! Entonces, recuerdo exactamente dónde estaba cuando finalmente cedí, y de hecho oré en voz alta en mi pequeña habitación de arriba: "Está bien, Señor, si eso es lo que quieres, ¡hasta iré a África!

Casi instantáneamente, llegó la respuesta. Fue extraordinario. Fue una de las respuestas a la oración más clarificadoras que jamás haya recibido. No escuché una voz, pero inmediatamente sentí alivio. De repente, me liberé de mi angustia interior y sentí claramente que, después de todo, Dios no quería que fuera a África. Más bien, ¡Dios simplemente quería que estuviera dispuesto a ir a África!

Bueno, han pasado varias décadas y, ¿adivinen qué? He hecho múltiples viajes misioneros, ¡tres de ellos a África! Como el apóstol Pablo escribió: "pues Dios es quien produce en ustedes tanto el querer como el hacer para que se cumpla su buena voluntad." (Filipenses 2:13 NVI).

No tengo dudas que Dios está obrando en mi vida y en la tuya. Él es quien nos impulsa y nos da poder para hacer una variedad de cosas que nunca hubiésemos considerado por nuestra cuenta. Dios nos ha llamado a todos a sí mismo a través de Jesucristo, y nos ha llamado a un propósito. Somos sus discípulos.

Como señala John Stott en su pequeño libro *The Radical Disciple* ("El discípulo radical"), "A mucha gente le sorprende descubrir que los seguidores de Jesucristo son llamados "cristianos" sólo tres veces en el Nuevo Testamento."[46] Sin embargo, el término más común es discípulo, y ser identificado como discípulo de Jesús implica una relación personal con Jesús.

Curiosamente, durante los tres años del ministerio público de Jesús, los doce fueron discípulos antes de ser "apóstoles" o "los enviados" Y, ser discípulos significaba que estaban bajo la instrucción de su maestro y Señor, o "bajo disciplina". Siempre que una persona responde libremente al evangelio, se compromete a estar bajo disciplina, o bajo autoridad, o bajo órdenes.

Esa es una vida con llamado.

PUEDES VIVIR UNA VIDA CON LLAMADO, Y AÚN DUDAR

Me parece sorprendente que, incluso después de la resurrección de Jesús, algunos de los primeros discípulos dudaron. Está registrado en Mateo 28:16–17.

Entonces, los once discípulos partieron para Galilea, dirigiéndose a la montaña donde Jesús les había dicho que fueran. Cuando lo vieron lo adoraron, pero ¡algunos dudaron!

Ahora bien, ¿por qué, y exactamente de qué dudaban los primeros discípulos? No nos lo dicen. Obviamente, no dudaban de que Jesús había sido crucificado; ciertamente conocían la realidad de eso. Tampoco dudaban de que Jesús estuviera vivo, y estuviera delante de ellos realmente vivo. No había duda de que Él realmente estaba allí. Entonces ¿Cuál era su problema o su duda, de todos modos?

Claramente, sus dudas tenían que ver con ellos y no con Jesús. Seamos realistas, los discípulos debían tener cierta incertidumbre sobre su futuro; después de todo, ya que Jesús había sido crucificado, ¿qué podría estar reservado para ellos, como discípulos de Jesús? ¿Podría ser que, en realidad dudaba de que Jesús iba a estar todavía con ellos, durante los días desafiantes que se avecinaban? ¿No es esa la raíz de nuestra duda, también?

No es que dudemos de que Dios sea Dios. ¡Es que nos preguntamos si vamos a estar o no a la altura de los desafíos que Dios está poniendo delante de nosotros! Sinceramente, esa es la historia de mi vida, y puede ser tu historia también.

A veces, todo el mundo lucha con la falta de claridad y confianza. Todos luchamos con dudas sobre el mañana o pasado mañana, dudas sobre el próximo mes o año. Nunca nadie podrá saber completamente lo que depara el futuro. Sólo Dios conoce el futuro y no lo dice. "El Señor nuestro Dios tiene secretos que nadie conoce. No se nos pedirá cuenta de ellos." (Deuteronomio 29:29 NTV).

Si estamos esperando a tener una comprensión completa de cada ramificación de cada compromiso, nunca nos comprometeremos a nada. Por ejemplo, la razón misma por la que los votos matrimoniales se hacen es que el compromiso es necesario para su cumplimiento. Lo mismo es cierto en nuestra relación con Cristo.

Hasta que hagamos un compromiso sincero de seguirlo, estaremos inmovilizados. Mientras no haya compromiso, siempre habrá vacilación. Sin embargo, cuando hay compromiso, aumenta la certeza—no una certeza sobre todo, sino sobre el siguiente paso.

¡Dios ilumina nuestro camino paso a paso! En el clásico *A Diary of Private Prayer* ("Un diario de oración privada"), John Baillie escribió esto para el vigésimo séptimo día:

Cuando el camino parezca oscuro ante mí, dame gracia para caminar confiadamente:

Cuando muchas cosas me resulten oscuras, déjame ser aún más fiel a lo poco que puedo ver claramente:

Cuando el paisaje lejano se nuble, déjame
regocijarme porque al menos el siguiente
paso es claro:

Cuando lo que eres Tú está muy oculto a mis ojos,
déjame seguir fiel a lo que Tú mandas:

Cuando la perspicacia flaquee, que la obediencia se
mantenga firme:

Cuando me falte la fe, déjame pagarlo con amor.[47]

La frase clave para mí es: "Cuando el paisaje lejano se nuble, déjame regocijarme porque al menos el siguiente paso es claro".

Puede que seas del tipo que se atreve a declarar un gran plan de vida. Incluso puedes hacerlo esperando que se desarrolle a lo largo de décadas sin dolor ni fracaso, sin demoras o ni siquiera dificultades. Pero ese nunca es el caso.

PUEDES VIVIR UNA VIDA EN MISIÓN Y EXPERIMENTAR DIFICULTAD

Las Escrituras dejan claro que las dificultades deben ser esperadas. "Todo el que quiera vivir una vida de sumisión a Dios en Cristo Jesús sufrirá persecución" (2 Timoteo 3:12 NTV). Para algunos, las dificultades y el sufrimiento puede implicar una persecución severa e incluso el martirio. Para muchos, el sufrimiento serán lágrimas e incomprensiones, traición y abandono, angustia y tiempos financieros difíciles.

Se ha dicho que, vale la pena soportar una temporada de sufrimiento para tener una visión más clara de Dios. No podemos elegir las tareas; sólo podemos elegir nuestra actitud dentro de ellas y hacia a ellas. Ciertamente, no podemos seleccionar los sufrimientos que los acompañan.

Cualquier sufrimiento que enfrentamos debido a nuestro compromiso con Cristo lo soportamos deliberadamente por amor a Él y su propósito. Eso es lo que hace que el llamado del discípulo sea tan exigente, tan pleno y gratificante. Es aceptar el llamado de la próxima oportunidad inmediata. Ese es el llamado simplemente a ser discípulo, y hacer brillar la luz justo donde estamos.

Con demasiada frecuencia, no logramos ver que el momento divino es el momento presente. Y el encargo divino es el encargo presente, por pequeño o insignificante que parezca ser.

La incertidumbre y las dificultades son ineludibles. Pero, estas cosas nunca deberían impedir comprometernos a hacer lo próximo, que sabemos que Dios nos está asignando a hacer. El apóstol Pablo se refiere a este mismo tema, en Hechos 20:22-24. El contexto del capítulo 20 está basado en lo que acaba de suceder en el capítulo 19. Como recordarás, Pablo estaba predicando y estalló un motín. Luego, después del motín, esta frase aparece en Hechos 20:1 (NVI), "Cuando terminó el alboroto".

Eso es muy alentador. Tarde o temprano, todos los disturbios terminaron. Sin embargo, en el versículo 3 leemos que, tres meses después hubo otro complot más para matar a Paul, por lo que regresó por otro camino. En otras palabras, según la experiencia de Pablo, o estaba saliendo del alboroto, estaba en medio del alboroto, ¡o dirigiéndose al alboroto! Y, lo mismo, suele ser cierto para cualquiera que se atreva a comprometerse con un ministerio de un "sí más grande".

Es típico algún tipo de alboroto. Así es la vida, especialmente la vida en liderazgo. Pero en el caso de Pablo, eso no le impidió cumplir su compromiso. Aquí hay más información grabada, sobre la experiencia de Pablo en Hechos 20: "Ahora estoy obligado por el Espíritu[a] a ir a Jerusalén. No sé lo que me espera allí, solo que el Espíritu Santo me dice en ciudad tras ciudad que me esperan cárcel y sufrimiento; pero mi vida no vale nada para mí a menos que la use para terminar la tarea que me asignó el Señor Jesús, la tarea de contarles a otros la Buena Noticia acerca de la maravillosa gracia de Dios." (Hechos 20:22–24 NTV).

En el versículo 22, Pablo admite su incertidumbre acerca de lo que le esperaba. Pero en el versículo 24, Pablo deja claro que él estaba convencido de que tenía la misión de compartir las buenas noticias. Incluso, a Pablo le faltaba claridad, pero eso no significaba que le faltara compromiso. Todavía estaba atrapado en el "sí más grande" de lo que necesitaba hacer.

ACEPTA TU ASIGNACIÓN

¿Qué es lo que cautiva tu corazón? Wess Stafford, quien había sido líder de Compassion International, dijo una vez: "¡Si no tienes una causa que puedas definir en treinta segundos o menos, no estás completamente vivo!" ¿Puedes hacer eso?

¿Sientes que tienes una asignación en tu vida? Mientras todo creyente está llamado a seguir a Cristo, no todo creyente está asignado a hacer las mismas cosas. Nuestras tareas son tan diferentes, como nosotros lo somos. Pero una cosa sí sé: no hay tareas fáciles por hacer. ¡Las únicas que quedan son difíciles, porque todas las fáciles ya las han hecho! En realidad, todos enfrentamos desafíos difíciles de vez en cuando, especialmente aquellos que conllevan responsabilidades importantes. Y, en última instancia, la misión que tenemos de Dios no está determinada por nosotros; sólo las descubrimos. Es decir, como sirvientes no podemos elegirlas; las asignaciones son solo eso: son asignadas.

Pablo estaba convencido de que su misión era ir a Jerusalén a propósito. Su propósito era compartir el evangelio, incluso aunque sabía que le esperaban la cárcel y el sufrimiento. Pablo, en esencia, estaba diciendo: "Voy a hacer lo que estoy llamado a hacer, y debo hacer, aunque en mi carne no quiero hacerlo".

Seamos honestos, la mayoría de las tareas difíciles de la vida son dadas a personas que nunca se ofrecieron como voluntarios para hacerlas. Tal vez, ellos incluso se asustan al enfrentarlas. ¿Quién en su sano juicio desearía enfrentar penas de cárcel y sufrimiento? Pablo no anhelaba esas cosas, pero sí estaba profundamente comprometido con la voluntad de Dios; su corazón estaba cautivado por cumplirla.

¿Qué te cautiva? Eso puede ser una pista para tu próxima tarea. Una y otra vez me ha atrapado algo que necesitaba hacer, aunque no quería hacerlo. Una conversación dura, una confrontación de pecado, una misión de crecimiento de la fe. Alguien dijo una vez: "La mayoría de las cosas más grandes del mundo fueron realizadas por personas que no querían hacerlas. ¡Pero se embarcaron de todos modos!"

Siempre hay algunas cosas difíciles que simplemente debemos hacer, aunque nos apetezca o no. Durante muchos años mi papá fue a trabajar a una fábrica de Chicago, no porque fuera fácil sino porque era necesario. Lo vi enfrentar con valentía sus miedos mientras trabajaba, tanto con productos químicos tóxicos, como con personas tóxicas durante años, aunque a menudo iba a trabajar con un nudo en el estómago, y un nudo en la garganta. Lo hizo porque tenía compromisos que cumplir.

Como señaló Oswald Chambers, "el trabajo pesado es la piedra que toca el carácter. El gran obstáculo en la vida espiritual es que buscaremos grandes cosas que hacer. 'Jesús tomó una toalla. . . y comenzó a lavar los pies de los discípulos'".

Los compromisos fundamentales pueden ser muy clarificadores. Las cosas más difíciles que he enfrentado en el ministerio, y los momentos con más lágrimas, siempre me han devuelto a mi compromiso principal. Como Os Guinness dijo: "Ante todo somos llamados a alguien, no a algo o a algún lugar".

¿Podría ser que la próxima tarea para cada uno de nosotros sea pequeña, no grande, al menos a los ojos del mundo? Escuché a un hombre en uno de mis grupos compartir cómo hizo un compromiso con Cristo en la universidad y luego se comprometió con el ministerio, pero se emocionó al contar sobre la desaprobación e incluso el desdén de su padre. Su papá estaba muy decepcionado de que su hijo hubiera decidido dedicarse al ministerio en lugar de a los negocios, diciéndole repetidamente: "¿Cuándo vas a conseguir un trabajo de verdad?!" La ausencia de la bendición de su padre fue el precio que pagó por la bendición de su Padre en el cielo.

Hoy en día, hemos hecho un ídolo el ser importantes ante los ojos del mundo, en lugar de servir humildemente a aquel que es el más importante. A menudo, solo estamos dispuestos a levantarnos y servir si podemos elegir la tarea que nos parece más inspiradora. Pero, ¿qué pasaría si nuestra próxima tarea no resulta ser realmente significativa?

Sin ese compromiso central de decir no a uno mismo y sí a Cristo, siempre habrá dudas a la hora de aceptar la siguiente asignación. Creo que Dios tiene asignaciones para todos nosotros; algunas son grandes y algunas son pequeñas. Como le gustaba decir a la Madre Teresa: "No todos nosotros podemos hacer grandes cosas, pero podemos hacer cosas pequeñas con gran amor."

Si bien nuestro cronograma es temporal, el cronograma de Dios es eterno. Dios rara vez tiene prisa. José ciertamente descubrió que: "Hasta que llegó el momento de cumplir sus sueños, el Señor puso a prueba el carácter de José" (Salmo 105:19 NTV).

Nadie hace un solo compromiso grande que dure una vida, sin una serie de pequeños compromisos diarios a lo largo del camino. Los compromisos diarios de tu vida definen tu vida. Es más, ¡la bendición de Dios no descansa simplemente en aquellos que hacen un compromiso, sino sobre aquellos que mantienen un compromiso! Esto puede que sea algo que no aparezca alguna vez en nuestro currículum vitae, pero puede convertirse en una parte duradera de nuestro legado.

¿Cuál es el compromiso del "sí más grande", ya sea grande o pequeño, que te está cautivando ahora? Por el bien de tu alma, ¡ahora es el momento de elegir entre un compromiso vital o muchos compromisos triviales!

PREGUNTAS PARA REFLEXIONAR

¿Alguna vez has tenido la sensación de que te estaban llamando a un "sí más grande"?

¿Cuáles son las tres señales de aquellos que consideras tus verdaderos héroes?

¿Cómo has visto que, una carga se convierte en una bendición en tu vida?

EL MODELO CONVERSACIONAL 4 D

Las 4D significan Deleite, Desánimo, Descubrimiento y Determinación. Reflexiona periódicamente y luego comparte ejemplos de cada uno. Será bueno para tu alma y profundizará tu conexión con otros.

Deleite: ¿Qué te ha estado provocando alegría y te ha animado recientemente?

Desánimo: ¿Qué ha sido recientemente perturbador, agotador o desalentador para ti?

Descubrimiento: ¿Qué ha sido especialmente esclarecedor o alentador para ti, de la Palabra de Dios y de este capítulo?

Determinación: ¿Qué te está impulsando Dios a seguir o a hacer, como resultado de procesar ideas de la Palabra de Dios y de este capítulo?

10

VIVE AGRADECIDO

"AUNQUE LA HIGUERA NO FLOREZCA NI HAYA FRUTOS
EN LAS VIDES; AUNQUE FALLE LA COSECHA DEL OLIVO
Y LOS CAMPOS NO PRODUZCAN ALIMENTOS;
AUNQUE EN EL REDIL NO HAYA OVEJAS NI VACA
ALGUNA EN LOS ESTABLOS; AUN ASÍ,
YO ME REGOCIJARÉ EN EL SEÑOR.
¡ME ALEGRARÉ EN EL DIOS DE MI SALVACIÓN!"

— HABACUC 3 : 17–18 NVI

Una de las personas más influyentes en mi vida es mi asistente de confianza, Judy, quien sirvió a mi lado durante décadas. Aunque a veces soportó muchas cosas y enfrentó muchos desafíos, muchas veces repetía el mismo refrán: "¡Gracias, Dios! ¡Gracias Dios! ¡Gracias Dios!"

Rara vez la he oído expresar siquiera una pizca de queja. En cambio, lo que escucho repetidamente de ella es gratitud, lo cual no sólo me inspira; ¡sino que me contagia!

Se ha observado que las dos oraciones más comunes son: "¡Por favor, ayúdame!" y "¡Gracias!" en ese orden. Ambas son oraciones poderosas, pero ¿y si invertimos su orden? ¿Y si "gracias" debería preceder a "por favor, ayúdame"? Leí una vez que, a través de oraciones de gratitud, podemos abrirnos camino directamente hacia la presencia de Dios.

"¡Que te alaben, oh Dios, los pueblos; que todos los pueblos te alaben! La tierra dará entonces su fruto, y Dios, nuestro Dios, nos bendecirá" (Salmo 67:5–6 NVI)

¿Será que la alabanza precede a la abundancia?

LA GRATITUD NO SE TRATA DE LA VIDA "FÁCIL"

La mayoría de las personas con las que converso actualmente tienen alguna historia de dificultad que compartir. Tal vez recuerdes las palabras de Anita la huerfanita: "Es una vida dura para nosotros". Quizás esto también resuene contigo a partir de tus propias experiencias. De hecho, aunque muchos líderes que conozco tienen gran habilidad para comunicarse, algunos luchan por encontrar las palabras adecuadas para explicar por qué se sienten tan agotados en este momento.

"Un amigo mío, completamente agotado, me hizo recientemente esta pregunta: '¿Te has encontrado con pastores que estén luchando con la 'nueva normalidad'? Porque yo si me los he encontrado.

¿Cómo lograste mantener el rumbo hasta cruzar la meta?'"

Respondí diciendo que, aunque no tuve que enfrentarme a la 'nueva normalidad', sí tenía lo mismo que él: ¡un llamado santo!

Un sentido claro y convincente de llamado es esencial para todos. He descubierto que, cuando tienes un propósito bien definido y poderoso, eres capaz de afrontar casi cualquier desafío.

Una vez más, todos los puestos fáciles ya han sido tomados. Los que quedan son asignaciones como la tuya. Aunque llevar una vida noble y esperanzadora como padre, pastor, maestro, empresario o policía es, sin duda, es una tarea difícil, no es el único tipo de vida complicado.

Nadie puede monopolizar lo que es vivir una vida difícil. La mayoría de las personas viven su propia versión de lo que es difícil, ahora mismo. Estoy en conversaciones, casi diarias, con líderes que sienten un estrés abrumador. Uno me acaba de decir que nunca había tenido tantos problemas para dormir. Otro dijo que estaba agotado por los incesantes desafíos que llegaban a su correo electrónico y iPhone todo el día, todos los días, e incluso los fines de semana.

Todo el mundo parece estar cansado y anhelando alivio. Creo saber por qué: es la implacable incertidumbre de nuestros tiempos. ¡Esa incertidumbre es agotadora!

En el ministerio y en roles de liderazgo de cualquier tipo, siempre estás en una de tres etapas: saliendo de una crisis, en medio de una crisis o dirigiéndote hacia una crisis. De algún modo, esto es inevitable. Así nos lo recuerda el apóstol Pablo: "Es necesario pasar por muchas dificultades para entrar en el Reino de Dios" (Hechos 14:22 NVI). De manera similar, Jesús nos advierte: "En este mundo afrontarán aflicciones" (Juan 16:33 NVI).

¿Podría ser que todos seamos un poco ingenuos, privilegiados o consentidos debido a expectativas poco realistas?

NO TENEMOS UN MONOPOLIO DE LO DIFÍCIL

Cuando leí por primera vez *Undaunted Courage* ("Coraje inquebrantable") de Steven Ambrose, me sentí honrado e inspirado. Es el relato de la expedición de Lewis y Clark, al noroeste del Pacífico en 1805-1807. Leí el libro nuevamente el verano pasado, mientras Linda y yo disfrutábamos de un crucero en los ríos Columbia y Snake, descubriendo su viaje épico. Los desafíos que enfrentaron fueron asombrosos, y no tenían forma de prepararse adecuadamente para ellos. Simplemente tuvieron que seguir adelante y continuar avanzando, ¡lejos de la comodidad y la buena comida de un barco de crucero!

Volvimos a ver la serie de John Adams en PBS, sobre la vida y época de nuestro segundo presidente. Es humillante ver el sufrimiento y sacrificio de quienes fueron líderes durante los primeros días de nuestra nación y la Guerra Revolucionaria. En aquel entonces, la vida normal, incluso para la mayoría de los líderes, era miserable según los estándares de nuestro tiempo.

Noté lo mismo en el libro titulado *The Boys in the Boat: The True Story of an American Team's Epic Journey to Win Gold at the 1936 Olympics* ("Los chicos en el barco: la verdadera historia del viaje épico de un equipo estadounidense para ganar Oro en los Juegos Olímpicos de 1936"). Ese éxito conmocionó al mundo, y tuvo como telón de fondo la Gran Depresión y la amenaza inminente de la Alemania nazi. La mayoría de la gente estaba simplemente, en el mejor de los casos, ganándose la vida a duras penas y, sin embargo, algunos lograron llevar a otros a alto rendimiento en medio de un alto estrés.

En el fascinante libro *The Choice: Embrace the Possible*, ("La bailarina de Auschwitz") la Dra. Edith Eva Eger comparte su propia historia como sobreviviente del campo de concentración en Auschwitz. Después de soportar horrores indescriptibles, logró sobrevivir y prosperar al cambiar su enfoque. Se negó a sucumbir a la autocompasión y la amargura y, como resultado, ya no es rehén del pasado. Ella ya no es prisionera de nada. Ella dijo: "¡Soy libre!"

Si bien nunca ha habido una época como la nuestra, sí ha habido, definitivamente, tiempos más difíciles que los nuestros. Lo que sabemos es que, el alto estrés y los golpes fuertes, han sido comunes desde el jardín del Edén.

Mientras enfrentamos el serio desafío del virus COVID, no fue la epidemia más grave de todos los tiempos. Durante la epidemia de gripe de 1918, al menos cincuenta millones de personas murieron en todo el mundo y aproximadamente 675,000 en los Estados Unidos. ¿Y adivina qué? Los padres aún tenían que mantener a sus familias, los profesionales de la salud tenían que atender a los enfermos y los pastores debían dirigir funerales durante la semana y compartir mensajes de esperanza los domingos.

SÍ, PUEDES EXPERIMENTAR DIFICULTAD, BENDICIÓN, Y GRATITUD—¡AL MISMO TIEMPO!

Los golpes duros son inevitables…pero también lo son las bendiciones. En este momento de mi vida prefiero animar a aquellos a quienes sirvo para que recuerden que, o estamos saliendo de una temporada de bendiciones indescriptibles, o en el medio de una temporada de bendiciones indescriptibles, o dirigiéndonos hacia una temporada de bendiciones indescriptibles. Si bien lo difícil es inevitable, también lo es, la bendición de la presencia de Dios.

Durante las temporadas más difíciles de mi vida en el liderazgo, siempre recobré esperanza al recordar que estaba en una misión especial. No sólo elegí ser pastor, sabía que tenía un llamado para ser pastor. Cualquiera que sea tu dificultad, no estás solo. Otros están contigo, y algunos están estableciendo un ritmo de vida que puede ser de inspiración y ejemplo para ti. Unos de los líderes más jóvenes, de una de nuestras iglesias más grandes, hizo eso por mí.

Kyle Idleman habló sobre los desafíos acumulados que enfrentaba su congregación en Louisville, Kentucky. Una vez al predicar frente a su iglesia de veinte mil personas (una congregación compuesta de muchos oficiales de la ley, y de diversas etnias), Kyle habló con calidez sobre su gratitud. Habló de lo agradecido que estaba de ser pastor durante este momento difícil, debido al privilegio de poder compartir aliento y esperanza.

Esto lo sé: aquellos que irradian más esperanza, siempre dirigen mejor. ¡Eso es especialmente cierto en tiempos difíciles! Como mi asistente de muchos años lo sabe de primera mano, y a menudo me ha recordado a mí y a otros cuando enfrentamos desafíos: "Con Cristo en ti, eres más fuerte de lo que imaginas, puedes lograr más de lo que crees posible, y eres más amado de lo que jamás podrías imaginar".

¡Nunca dudes que, en Cristo, eres más amado y bendecido de lo que puedas imaginar!

Un buen amigo compartió una serie de mensajes titulados "The Genius of Gratitude." ("El Genio de la gratitud"). Cuando Bryan Myers y yo hicimos una lluvia de ideas sobre ese tema, cada uno de nosotros comenzó a celebrar algo de lo que hemos aprendido, acerca de esta verdad vivificante de los beneficios de la gratitud en nuestras propias vidas. Sin embargo, poco después de una larga llamada, me envió un mensaje de texto con otra solicitud de ayuda. Quería que le enviara por correo electrónico una ilustración que había compartido anteriormente. En ese momento, estaba ocupado con otras cosas y, sinceramente, no me sentía precisamente "agradecido" por la interrupción.

¿No es irónico? Ahí estábamos, absortos en el tema de la gratitud, y unas horas después me incomodaba su solicitud de que le enviara un correo electrónico. Así que no lo hice. Lo llamé para que pudiera escuchar mis quejas durante unos momentos antes de dictárselo rápidamente, una vez más. Pero eso no fue suficiente. ¡Él me suplicó que se lo escribiera! Vaya, ¡los amigos no siempre son convenientes!

A veces soy un "bendecidor reacio". Es decir, a veces estoy un poco demasiado preocupado, distraído o cansado para ofrecer ayuda con alegría. Sin embargo, después de ayudar, generalmente termino más que satisfecho. Quizás puedas identificarte con esto. Bueno, ahora estoy verdaderamente agradecido de nuevo, y creo que fue ingenioso de parte de Bryan insistir en que encontrara la ilustración, y es la siguiente.

Leí acerca de un estudio en el que se asignó a personas al azar a tres grupos, y se les pidió que escribieran cinco cosas diariamente.

- Se pidió al grupo 1 que se centrara en cinco desafíos importantes.
- Se pidió al grupo 2 que se concentrara en cinco problemas menores.
- Se pidió al grupo 3 que se centrara en cinco razones para estar agradecidos.

Si bien las personas fueron asignadas aleatoriamente a los distintos grupos, los resultados fueron sorprendentes. Como era de esperar, el grupo que practicó la gratitud se convirtió en el más agradecido. Sin embargo, lo más notable fue que este grupo mostró una mayor disposición para ayudar a los demás.

En resumen, reflexionar sobre la gratitud y escribir al respecto en un diario llevaron a que los participantes del grupo asignado se volvieran más enérgicos, esperanzados y dispuestos a ayudar. Aquellos que experimentaron mayor gratitud mostraron la mayor capacidad emocional para ayudar a los demás. Esto es fundamental para quienes buscan influir positivamente en los demás.

LA GRATITUD CAMBIA EL JUEGO

Llevo años escribiendo en un diario. Lamentablemente, a veces he escrito demasiadas cosas tristes. Aunque, en ocasiones, eso ha sido emocionalmente catártico, más a menudo ha sido emocionalmente agotador y espiritualmente restrictivo. De hecho, ¡si alguien encontrara alguno de mis diarios, podría sorprenderse de que no estuviera en una institución mental! Por eso he cambiado mi forma de llevar un diario.

¿Adivina qué? Diariamente, durante los últimos años, he escrito cinco cosas que me han impulsado a expresar gratitud a Dios. Estoy descubriendo que, cuanto más concentro mis oraciones en la alabanza, más razones veo para celebrar la bondad de Dios. En resumen, estoy magnificándolo a Él y no a mis problemas.

¿Qué deseas magnificar? Aunque la oración, el diario o la reflexión por separado pueden, en ocasiones, magnificar los problemas, la alabanza solo magnifica a Dios. "Bendeciré al Señor en todo tiempo; continuamente estará Su alabanza en mi boca. En el Señor se gloriará mi alma; Lo oirán los humildes y se regocijarán. Engrandezcan al Señor conmigo, y exaltemos a una Su nombre." (Salmo 34:1, 3 NBLA)

De tal manera, ¿cuáles son las cosas por las que estás agradecido…hoy? Si enumerar cinco de ellas parece demasiado desalentador, simplemente comienza con dos o tres. Un líder de otro grupo del pacto tomó esta idea y comenzó su propia práctica llamada "Agradecido 4". Adam Turner escribe cuatro cosas cada día que le ha traído deleite. El rey David escribió: "Que todo lo que soy alabe al Señor; que nunca olvide todas las cosas buenas que hace por mí" (Salmo 103:2 NTV).

Hace tiempo que amo y recomiendo el libro clásico *In a Pit with a Lion on a Snowy Day* ("Con un león en medio de un foso en un día nevado"), de Mark Batterson. A cada hombre a quien se lo he regalado le ha encantado, y ha pensado que el libro estaba escrito solo para él. He aquí sólo un fragmento: "Creo que básicamente hay dos tipos de personas en el mundo: los que se quejan y los que adoran. Y no hay mucha diferencia circunstancial entre los dos. Los que se quejan siempre encontrarán algo de qué quejarse. Los que adoran siempre encontrarán algo por qué alabar a Dios. Simplemente tienen diferentes configuraciones predeterminadas."[48]

¿Cuál es tu configuración predeterminada? Cuando estoy cansado o agotado, emito fácilmente un gemido audible. Puede pasar con una falla en la computadora, una llamada telefónica que interrumpe, una congestión de tráfico, o una mala noticia a través de los medios de comunicación.

Aunque a veces me gusta gemir y quejarme, nunca me ha gustado cómo eso afecta mi mente y mi corazón. Incluso cuando el andar quejándome no me deja del todo miserable, todavía debilita la energía de mis emociones. Por el contrario, cada vez que pienso y hablo sobre cosas buenas, mi espíritu se levanta.

Mis palabras dan forma a mi mundo todo el tiempo. Por eso he desafiado a los grupos a memorizar y recitar juntos regularmente Filipenses 4:4–9 (NVI):

"Alégrense siempre en el Señor. Insisto: ¡Alégrense! Que su amabilidad sea evidente a todos. El Señor está cerca. No se preocupen por nada; más bien, en toda ocasión, con oración y ruego, presenten sus peticiones a Dios y denle gracias. Y la paz de Dios, que sobrepasa todo entendimiento, cuidará sus corazones y sus pensamientos en Cristo Jesús.

Por último, hermanos, consideren bien todo lo verdadero, todo lo respetable, todo lo justo, todo lo puro, todo lo amable, todo lo digno de admiración, en fin, todo lo que sea excelente o merezca elogio. Pongan en práctica lo que de mí han aprendido, recibido y oído, además de lo que han visto en mí y el Dios de paz estará con ustedes."

El hombre que escribió esas palabras tiene una credibilidad inigualable. El apóstol Pablo escribió esto cuando estaba en prisión, encadenado en la muñeca a un guardia romano. Por lo tanto, tiene la autoridad moral para decirnos a ti y a mí que, dejemos de quejarnos y empecemos a regocijarnos. Si él puede elegir regocijarse, ¡nosotros también podemos!

Pablo vivía bajo la amenaza de una sentencia de muerte, y nosotros también. Nadie sale vivo de este mundo, a menos que Jesús regrese primero. Todos tenemos un número limitado de días, pero una oportunidad ilimitada de regocijarnos en aquel que redime todas las cosas.

Monica Brands, editora de contenidos del Ministerio Nuestro Pan Diario, dijo: "Estoy cautivada por cómo el autor Frederick Buechner describe la gracia de Dios: como una voz suave que dice: 'Aquí está el mundo. Cosas terribles y hermosas sucederán. No te asustes. Estoy contigo.'"

Sí, pasan cosas malas y aún peores. Nunca habrá un día cuando dejes de notar un millar de cosas malas a tu alrededor. Tampoco habrá un día sin cosas hermosas para celebrar y por las cuales estar agradecido.

Se ha dicho que, ¡el peor día para un ateo es sentirse agradecido y sin tener a quien agradecer! Ese no es nuestro problema. Se nos dice: "Todo don bueno y perfecto viene de arriba, viene descendido del Padre de las luces celestiales" (Santiago 1:17 NVI). Todos tenemos múltiples motivos de gratitud cada día. Nuestro problema es fallar en hacer una pausa y tomar nota de ellos. Entonces, habiendo tomado notas, agradezcamos sinceramente a Dios por ellos.

¿Por cuáles regalos le agradeces a Dios cada dia? Doy gracias a dios diariamente por numerosas cosas y personas, específicamente por tener

- Alguien especial a quien amar
- Algo importante que hacer
- Algo maravilloso que esperar

Aunque estoy inmensamente agradecido, ¡le pido a Dios que me haga aún más agradecido! Después de que Daniel fue llevado a un país extranjero, en cautiverio babilónico, fue a su habitación, se arrodilló y daba gracias a Dios tres veces al día. Algo pasa en mi espíritu cuando hago eso.

El acto mismo de arrodillarme y expresar agradecimiento me cambia, llevándome a un lugar mejor, mental y espiritualmente. Ahora elijo hacer esto varias veces al día, la mayoría de los días. Pero cuando no lo hago, noto la diferencia.

Una de las audiciones clásicas para el programa de televisión llamado "America's Got Talent" me conmovió. Una joven radiante llamada Jane (de nombre artístico Night Bird) presentó una canción original, "It's Okay" ("Está bien"), una historia sobre el año anterior de su vida. Antes de cantar, le preguntaron si alguien había venido al espectáculo con ella. Ella dijo: "No, estoy aquí sola."

Le preguntaron a qué se dedicaba. Ella dijo que ella no había estado trabajando durante bastantes años, porque había estado lidiando con cáncer. Cuando se le preguntó cómo estaba, dijo: "La última vez que revisé, tengo algo de cáncer en los pulmones, en la columna y en el hígado."

Un juez dijo: "Entonces no estás bien…Tienes una hermosa sonrisa y brillo. ¡Nadie lo sabría!"

A eso ella dijo: "Es importante que todos sepan que soy mucho más que las cosas malas que me pasan. . . no puedes esperar hasta que la vida ya no sea difícil para que decidas ser feliz".

Cuando se le preguntó cómo le iba, dijo: "Me dan una probabilidad de vivir del dos por ciento... pero está bien, dos por ciento no es cero por ciento."

Su canción fue profunda porque su presentación fue asombrosamente personal. Después de una pausa impresionante al final, todos se pusieron de pie de un salto con una poderosa ovación. Después de eso, uno de los jueces, Simón, golpeó el botón dorado, ¡y quedó literalmente envuelta con hermosas bendiciones de confeti dorado lanzado desde arriba!

La gratitud engendra gratitud. El salmista nos recuerda: "Este es el día que hizo el Señor. nos regocijaremos y alegraremos en É" (Salmo 118:24 NVI). Aquí hay una hermosa lectura de Gregory M. Lousignant, que me sirve como marcador bíblico para este pasaje:

> Hoy, cuando desperté, de repente me di cuenta de que este iba a ser el mejor día, jamás vivido, en mi vida. Hubo momentos cuando me preguntaba si llegaría al día de hoy, pero llegue. Y porque lo hice, voy a celebrar. Hoy voy a celebrar la vida tan increíble que he tenido hasta ahora. Los logros, las muchas bendiciones y, sí, hasta las penurias, porque han servido para hacerme más fuerte. Pasaré este día con mi cabeza en alto y un corazón feliz. Me maravillaré ante los

regalos aparentemente simples de Dios, el rocío de la mañana, el sol, las nubes, los árboles, las flores, los pájaros. Hoy, ninguna de las creaciones milagrosas escapará a mi aviso. Hoy, compartiré mi entusiasmo por la vida con otra gente. Haré sonreír a alguien. Voy a hacer todo lo posible para realizar un acto inesperado de bondad por alguien que ni siquiera conozco. Hoy, daré un sincero elogio a alguien que esté deprimido.

Hoy es el día en que dejaré de preocuparme por lo que no tengo, y empezaré a estar agradecido por todas las cosas maravillosas que Dios ya me ha dado. Recordaré que preocuparse es sólo una pérdida de tiempo, porque mi fe en Dios y su plan divino asegura que todo estará bien. Y luego esta noche, antes de acostarme, saldré y levantaré los ojos hacia el cielo. Me quedaré asombrado ante la belleza de las estrellas y la luna, y alabaré a Dios por estos magníficos tesoros. Cuando termine el día, recostaré mi cabeza en mi almohada. Daré gracias al todopoderoso, el Señor Jesucristo, por el mejor día de mi vida y dormiré el sueño de un niño contento, emocionado con la expectativa porque sé que mañana va a ser el mejor día que he tenido en mi vida.

Nunca habrá un mejor momento para hacer una pausa y elogiar a Dios que ahora mismo.

- En medio de tu desorden, ¡agradece a Dios por El Mesías!
- En medio de la incertidumbre, ¡dale gracias a Dios por El Redentor!
- En medio del conflicto, ¡agradece a Dios por Su presencia!

ESCRÍBELO

Alguien ha observado que las alabanzas suelen ser mucho más poderosas que las peticiones de oración. Eso es porque la oración puede estar llena de autocompasión y miedo, mientras que la alabanza está llena de fe. Puedo identificarme con eso. Cuando alabo a Dios, lo encuentro liberador y energizante. ¡Eso suele suceder mejor cuando tengo un bolígrafo en la mano y escribo algunos de mis descubrimientos de gratitud, antes de que los olvide!

Lo que sé con certeza es esto: ¡llevar un diario puede reconfigurar tu cerebro! Esta es una de las lecciones más poderosas que he aprendido en los últimos años. Antes, utilizaba el espacio de mi diario para desahogarme sobre frustraciones y dificultades. Ahora, me doy cuenta de que centrarme en la gratitud transforma mi estado de ánimo. Escribir sobre las cosas por las que estoy agradecido no solo eleva mi espíritu, ¡sino que también mejora mi memoria!

Probablemente no seas tan inteligente como crees que eres. Se han hecho estudios demuestran que las computadoras no nos hacen más inteligentes.

De hecho, es todo lo contrario. Resulta que el acto de escribir las cosas con la mano nos ayuda a recordarlas mejor. Sí, eso significa escribir a mano con un bolígrafo.

El artículo del periódico New York Times "Lo que se pierde mientras que escribir a mano se desvanece", cita Stanislaw Dehaene, psicólogo del College de Francia, sobre escribir a mano versus teclear: "Cuando escribimos, un circuito neuronal único se activa automáticamente. Hay un núcleo de reconocimiento del gesto en la palabra escrita, una especie de reconocimiento mediante simulación mental en tu cerebro. Y parece que este circuito está contribuyendo de maneras únicas que no conocíamos. Aprender, se hace más fácil."[49] Esto me parece intrigante. En este día de adicción a la tecnología, vamos perdiendo nuestra capacidad de retención. Muchos piensan que escribir físicamente no es realmente importante. Eso hay que pensarlo dos veces.

Si bien las computadoras pueden ayudarnos a buscar información, las computadoras no pueden reflexionar. Como dijo el mismo salmista: "Consideré el rumbo de mi vida" (Salmo 119:59 NTV). ¿Cuánto tiempo ha pasado desde que reflexionaste sobre algo? Si estás listo para disfrutar de los beneficios de reflexionar y retener mejor las ideas, ¡necesitas tomar un bolígrafo y escribir a mano!

He escrito cada día en mi diario durante décadas. Así es como me ayuda:

- Escribir me ayuda a captar ideas. Mis pensamientos se desenredan cuando pasan por mis dedos.
- Escribir me obliga a reducir mi ritmo de vida. Escribir ayuda a líbrame de sentimientos frenéticos.
- Escribir me obliga a ser honesto. Mis racionalizaciones parecen destacarse cuando las veo mirándome a mí en blanco y negro.
- Escribir me rejuvenece. Mientras reflexiono sobre el pasado y planifico para el futuro, disfruto tanto del cierre como de la claridad.

Un amigo cercano lamentó no haber tenido tiempo para reflexionar. Lo reté, en el momento, a sacar su libreta e inmediatamente comenzar a escribir algunas cosas. ¡Lo hizo y descubrió que comenzar es un enorme incentivo para continuar!

Los líderes son tanto escritores como lectores y, por lo tanto, son mejores "recordadores". Encontré una instrucción bíblica fascinante, dada por Dios al rey de Israel: "Cuando el rey tome posesión de su reino, escribirá en un libro una copia de esta ley, que está al cuidado de los sacerdotes levitas. 19 Esta copia la tendrá siempre a su alcance y la leerá todos los días de su vida." (Deuteronomio 17:18-19 NVI).

El Señor ordenó a los reyes que realizaran sus devocionales diarios utilizando las Escrituras copiadas con sus propias manos. ¿Podría haber en esto una lección para cada uno de nosotros? Escribir cualquier cosa facilita la retención y mejora nuestra memoria.

Mientras termino este libro, me han cautivado las palabras del apóstol Pedro: "así que me esforzaré por asegurarme de que siempre recuerden estas cosas después de que me haya ido." (2 Pedro 1:15 NTV).

¿Qué cosas buenas quieres que los demás recuerden de ti en los años venideros? ¡Si quieres crecer en gratitud y dejar un legado duradero, empieza a escribirlo ahora mismo!

PREGUNTAS PARA REFLEXIONAR

¿Quién ha modelado mejor la gratitud para ti?

¿Cómo afectan las redes sociales tu actitud?

¿Qué es lo que más recientemente te ha despertado gratitud?

EL MODELO CONVERSACIONAL 4 D

Las 4D significan Deleite, Desánimo, Descubrimiento y Determinación. Reflexiona periódicamente y luego comparte ejemplos de cada uno. Será bueno para tu alma y profundizará tu conexión con otros.

Deleite: ¿Qué te ha estado provocando alegría y te ha animado recientemente?

Desánimo: ¿Qué ha sido recientemente perturbador, agotador o desalentador para ti?

Descubrimiento: ¿Qué ha sido especialmente esclarecedor o alentador para ti, de la Palabra de Dios y de este capítulo?

Determinación: ¿Qué te está impulsando Dios a seguir o a hacer, como resultado de procesar ideas de la Palabra de Dios y de este capítulo?

11

FINALIZA CON UNA BENDICIÓN

Llamé a un amigo para almorzar y, durante el almuerzo, lo animé. Le recordé que su servicio era como una asignación especial de lo alto.

Mi amigo no solo está frustrado con su trabajo, sino también decepcionado por la falta de resultados. Si te contara dónde trabaja y lo que hace, lo admirarías. Aunque no envidiarías el entorno desafiante en el que se encuentra, sí envidiarías su alto llamado. Su función lo convierte en una especie de estrella para muchos, incluyéndome a mí. Sin embargo, saber eso no es suficiente para él; está cansado y desea renunciar.

¿Cómo podemos saber cuándo es el momento de dejar tu trabajo?

Lo creas o no, la mayoría de las personas que entran al ministerio, incluso cuando empiezan con gran entusiasmo, al final terminan renunciando. La tasa de deserción esta alrededor del 50 por ciento, dentro de los primeros cinco años aproximadamente, ¡y luego empeora! Sólo alrededor del 10 por ciento de los que permanecen, después de que la emoción inicial desaparece, permanecen activos en el ministerio por el resto de su vida laboral. ¡10 por ciento!

En resumen, la mayoría de los que empiezan bien nunca terminan bien, al menos en esa posición. ¿Por qué? A riesgo de generalizar demasiado, permítanme ofrecer algunas razones:

- Apoyo inadecuado: se sienten mal pagados y poco afirmados por aquellos a quienes buscan servir.
- Disciplinas inadecuadas: no logran ejercitarse espiritual y físicamente.
- Límites inadecuados: olvidan su humanidad y sucumben ingenuamente al encanto del fruto prohibido.
- Conciencia inadecuada: olvidan que tienen un enemigo dispuesto a destruirlos a ellos y a todo lo que aprecian.
- Amistades inadecuadas: posponen la construcción y mantenimiento relaciones profundas con otros con quienes puedan desnudar su alma con seguridad.

El mismo día que animé a mi amigo durante el almuerzo, también animé a otra persona por correo electrónico. Respondí a un líder que se preguntaba si tiene la capacidad para comprometerse con un grupo de pacto. Es un gran compromiso. Un compromiso de tres años no debe tomarse a la ligera.

Una vez más, los grupos que ayudo a catalizar y dirigir están formados por líderes "demasiado ocupados" para ser parte de uno de ellos. Así que lo animé preguntándole en qué temporada se encontraba actualmente:

- ¿Acabas de salir de una temporada de gran desafío?
- ¿Estás en medio de una temporada de gran desafío?
- ¿Te diriges a una temporada de gran desafío?

Esas preguntas tenían la intención de animarlo y elevar su perspectiva. Le estaba sugiriendo que el mejor momento para prepararse para un desafío es mucho antes de que siquiera comience.

Quizás no estés en el ministerio. Puede que no seas el director ejecutivo de una gran empresa. Pero cualquiera que sea tu profesión o vocación, tal vez estás esperando demasiado para prepararte para lo que el futuro traiga. Esto nos sucede a muchos de nosotros.

Esto se aplica a todo, desde abastecerse de artículos básicos, acumular ahorros para la jubilación o invertir en amistades. Hay un proverbio chino popular que dice: "El mejor momento para plantar un árbol fue hace veinte años. El segundo mejor momento es ahora".

Me encanta que alguien eleve mi perspectiva y me encanta hacer lo mismo por los demás. Todos necesitamos que nos recuerden periódicamente que lo que hacemos realmente importa. Todos los llamados importantes comienzan con la comprensión de que, incluso los trabajos y ministerios ordinarios, son asignaciones especiales. La clave es si están hechos con Cristo y para Él.

Necesito que mi perspectiva sea elevada periódicamente. ¿Y tú? "Que él les dé el poder para llevar a cabo todas las cosas buenas que la fe los mueve a hacer." (2 Tesalonicenses 1:11 NTV).

¿NECESITAS PREPARARTE HOY PARA UNA TRANSICIÓN EN EL CAMINO?

Una de esas cosas beneficiosas puede ser aceptar que, en algún momento —quizá incluso en un futuro cercano—, alguien asumirá tu lugar como sucesor. La única incógnita es qué tan bien se llevará a cabo esa transición, ya que navegar por ellas no suele ser sencillo. Lograr una transición saludable es algo poco común para muchos líderes de larga trayectoria y las organizaciones que lideran; por lo tanto, la humildad es un elemento esencial en este proceso.

Todos tenemos una fecha de caducidad. Cuando lo ves así, cada líder es un "líder interino" antes del siguiente. Aunque todavía faltan muchos años, todos estamos en transición. La pregunta no es si dejaremos el puesto, sino cuándo y cómo lo haremos.

Un hombre al que bauticé había sido miembro de la mafia y, sorprendentemente, era muy insistente en este tema. Poco antes de mi transición del rol de pastor principal, a los 65 años, Jim me dijo: "Incluso en la mafia necesitábamos un plan de sucesión. ¿Cuál es el tuyo?".

Aceptémoslo: la mejor forma en que un líder de larga trayectoria, especialmente el pastor fundador, podría retirarse sería siendo martirizado en un viaje misionero. ¡Puede sonar dramático y trágico, pero al menos sería claro y definitivo! Sin embargo, eso es poco probable, por lo que debemos prepararnos para un tipo diferente de duelo.

Antes de mi propia transición, me advirtieron que podría ser más duro y doler más de lo esperado. El duelo es una cosa complicada. Sin embargo, por la gracia de Dios, el dolor de cualquier final puede abrir puertas a nuevas oportunidades para todos. Lo esencial para los líderes es aceptar la transición en lugar de resentirla.

Es común experimentar duelo mientras se lidera. Así como no hay líder u organización perfecta, no puede haber una transición perfecta de liderazgo. Cada iglesia y organización es una combinación única de personas defectuosas y circunstancias desafiantes que nunca se repetirán de nuevo.

GRATITUD MIENTRAS ESTAS EN DUELO

He aprendido que una gran gratitud es el mejor antídoto para un gran duelo. Desde mi perspectiva, cuantos más problemas hayas tenido o tengas, más potencial tienes para ayudar a otros. Dios nunca desperdicia un dolor. Él ilumina nuestro camino un paso a la vez para que podamos ayudar a iluminar el camino de los demás. Como dijo el salmista: "A los justos les amanece luz en las tinieblas" (Salmo 112:4 NVI).

El tiempo requiere esperar y confiar. Los finales pueden ser tanto tristes como aterradores, pero en el gran plan de Dios, en realidad pueden convertirse en hermosos nuevos comienzos. Como alguien dijo una vez: "El atardecer en una tierra es siempre un amanecer en otra".

El revelador libro del psicólogo Henry Cloud, titulado *Necessary Endings* ("Finales necesarios"), proporciona un vocabulario excelente que nos ayuda a aceptar lo inevitable:

Ya sea que nos guste o no, los finales son parte de la vida. Están entretejidos en el tejido de la vida misma, tanto cuando todo va bien como cuando no. En el lado positivo de la vida, para que podamos alcanzar un nuevo nivel, un nuevo mañana o el siguiente paso, algo tiene que terminar. La vida tiene temporadas, etapas y fases. Para que haya algo nuevo, las cosas viejas siempre deben terminar, y debemos dejarlas ir... Los finales no solo son parte de la vida; son un requisito para vivir y prosperar, tanto profesional como personalmente.[50]

Los finales oportunos son más arte que ciencia. Realmente no hay un enfoque único para todos. Antes de mi propia transición, busqué conocimientos en varios lugares y realmente llegué a apreciar la sabiduría que encontré en varios libros, incluido el pequeño libro de Bob Russell y Bryan Bucher titulado *Transition Plan* ("Plan de transición"), en el que los autores recomiendan cuatro cosas:

- Encuentra un sucesor.
- Encuentra una estrategia.
- Establece una fecha.
- Comparte tu plan personal.[51]

No hay garantía de que las cosas salgan exactamente de acuerdo al plan de nadie. Durante mucho tiempo me he apoyado en las sabias palabras de la Madre de Teresa de Calcuta: "Escribe con lápiz tus planes y dale a Dios el borrador."

¿TE DEBES PREPARAR PARA UN SUCESOR?

La respuesta a esa pregunta es absolutamente "sí" para todos aquellos que desean terminar bien, incluso para los jóvenes líderes que recién están comenzando. Las temporadas de transición pueden llegar de manera inesperada y están llenas de lo inesperado. Solo Dios conoce el futuro y no nos lo revela; solo nos llama a confiar. Irse no es fácil, especialmente para aquellos de nosotros que hemos tomado nuestra vocación y responsabilidades tan en serio durante tanto tiempo. Sin embargo, cuando pude ver que la iglesia que había amado y dirigido durante casi treinta años estaba finalmente estable una vez más y había superado una larga serie de crisis desafiantes, supe que era finalmente el momento adecuado.

Poco después de mi transición encontré este pasaje: "Escuché una voz desconocida decir: 'Te he quitado la carga de los hombros; tus manos se han librado del pesado cesto. En tu angustia me llamaste y te libré;" (Salmo 81:5–7 NVI). Esas palabras del salmo de Asaf realmente resonaron en mí. Se sentía como si hubiera sido escrito sólo para mí. ¿Podría serlo también para ti?

Irse no es simplemente una cuestión de planificación sabia. En algún nivel, el duelo es inevitable. Sin embargo, soltar las cosas bien es esencial para un cierre saludable. No obstante, la preparación personal debe ir acompañada de preparación circunstancial. Si bien algunos líderes se sienten tentados a quedarse demasiado tiempo, otros están listos mucho antes de lo que su ministerio puede permitir.

Hasta que haya una sensación de liberación, el líder debe permanecer para el bien de los demás. Un líder piadoso nunca se demorará simplemente por su propio beneficio, pero es posible que necesite quedarse un poco más de tiempo para beneficio de los demás. Esa debe ser una decisión cuidadosa y con oración. No debe hacerse en aislamiento. Necesitamos el consejo piadoso de otros para discernir el tiempo de Dios.

El tiempo lo es todo. En griego, el tiempo *cronos* es el tiempo del calendario, pero el tiempo *kairos* es diferente. El tiempo de *kairos* es el momento decisivo en el que Dios llega y lo cambia todo. Ningún líder debería quedarse un día más, o irse abruptamente un día más temprano. Debemos ser sensibles al movimiento del Espíritu. Estos momentos no deben ser forzados, sino deberían ser guiados por el poder del Espíritu Santo, especialmente cuando otros ven y sienten la misma cosa.

Cuando un líder de un ministerio fuerte estaba considerando la transición a otro ministerio aún más grande, hice una sugerencia sorprendente. Sentí que la nueva oportunidad no sería adecuada para él y que su asignación actual aún no estaba terminada. Ambos recordamos cuando le sugerí que, al acercarse a su décimo aniversario, "se sucediera a sí mismo" en el mismo lugar. "Sucederse a sí mismo" significaba hacer un nuevo comienzo con una nueva actitud. Para que esto sucediera, Aaron necesitaba una nueva perspectiva sobre su papel de liderazgo para la próxima temporada. Eso resonó en ambos, y como resultado, él hizo un nuevo comienzo con la misma iglesia. ¡Es allí donde continúa sirviendo con gran satisfacción hasta el día de hoy!

Las transiciones no siempre son una cuestión de cambio en la ubicación geográfica. También pueden producirse mediante un cambio en tu disposición personal. En otras palabras, ¡en algunos casos tu "sucesor" puede ser tu mejor yo!

La zona de transición es siempre una zona de peligro. En la transición de un líder veterano, el bienestar tanto de la organización como del líder están en juego; por lo tanto, no puedes permitirte el lujo de simplemente escúchate a ti mismo. "Los planes salen mal por falta de asesoramiento; muchos consejeros traen éxito" (Proverbios 15:22 NTV).

Cuando estuve muy tentado a irme demasiado pronto, mis asesores más cercanos intervinieron. Uno dijo: "¡Por el bien de tu sucesor, no puedes irte ahora!" Otro fue aún más contundente: "¡La voz en tu mente no es de Dios!" Me alegra haber confiado en un consejo mejor que el mío. Necesitaba un tipo de sabiduría que fuera mucho más allá de la mía para poder tomar una decisión acertada. "Si escuchas la crítica constructiva, estarás en casa entre los sabios" (Proverbios 15:31 NTV).

El compromiso del líder saliente debe ser con el tiempo de Dios y no sólo con el suyo propio. Para un pastor, el llamado es a amar la iglesia honrando a los ancianos y bendiciendo a su sucesor lo más posible. Pero esto va en ambos sentidos. La clave es la honra mutua: el líder saliente necesita sentirse valorado y el líder entrante necesita sentir que confían en él. Las personas solo estarán dispuestas a "dejar atrás" la situación en la medida en que el pastor saliente y su cónyuge también lo hagan. Y, la gente avanzará felizmente sólo en el grado en que el pastor saliente y su cónyuge avancen felizmente. Ten en cuenta que eso no significa que un pastor jubilado y la familia siempre tengan que "mudarse", ¡pero sí tiene que "avanzar"!

Si no eres pastor, puedes pensar que esto tiene que ver contigo. Piénsalo dos veces. Todo el mundo está en transición; así es la vida. En el libro *The Heroes Farewell: What Happens When CEOs Retire?*, ("La despedida de los héroes: ¿Qué sucede cuando los directores ejecutivos se jubilan?"), autor Jeffrey Sennefeld plantea la pregunta: "¿Qué clase de líder soy?" Los ejemplos que sugiere incluyen los siguientes:

- Monarca: "¡Yo soy la misión!"
- General: "¡No puedes ganar sin mí!"
- Gobernador: "Cuando termine mi mandato, termina mi participación."
- Embajador: Se mantiene como animador y aboga por la misión, el equipo y el sucesor.[52]

La transición ideal implica la bendición mutua entre el líder saliente y su sucesor. Como observó una vez Jim Collins, "Una organización no puede ser verdaderamente grande, si no puede ser grande sin ti." En mi propio momento de transición, les dije a los líderes que estaba buscando tres cualidades clave en mi sucesor, y no eran simplemente dos de esas tres; eran las tres:

- Carácter en el que pueda confiar
- Capacidades que pueda respetar
- Compatibilidad que pueda disfrutar

Tuve la bendición de encontrar los tres en el hombre que Dios escogió para sucederme. Ha pasado casi una década desde que Shan Moyers y yo comenzamos nuestra asociación, ¡y nunca dejé de agradecer a Dios por traerlo a mí y a nuestro ministerio en el tiempo de Kairos!

Si bien las transiciones son temporadas de grandes desafíos, también son temporadas de maravillosas oportunidades. De hecho, la mayoría de los milagros de la Biblia se agrupan en torno a tres transiciones: de Moisés a Josué, de Elías a Eliseo y de Jesús a los apóstoles.

Las transiciones oportunas no se deben temer, siempre y cuando el líder en transición esté bien preparado y prepare a quienes lo rodean a él. A medida que se acerca la temporada de transición, muchos líderes dudan y se retrasan por dos razones:

saben que deben tener algo para seguir adelante y que necesitan un propósito por el cual vivir.

EL FINAL DE UNA ASIGNACIÓN, EL PRINCIPIO DE LA PRÓXIMA

Todos ganan cuando un líder está listo para aceptar lo próximo que sucederá. Un amigo con décadas como administrador de patrimonio me dijo que ha ayudado a cientos de profesionales a hacer la transición a lo largo de los años, y aunque pocos de ellos tenían preocupaciones reales sobre tener suficientes recursos para seguir viviendo, ¡la mayoría tenía poco por qué vivir!

Por eso la jubilación puede ser mortal. Después de unos meses de ocio ininterrumpido, muchas personas encuentran la vida vacía e insatisfactoria. El trabajo no es un castigo. Dios nos hizo para hacer la diferencia. Por eso es imperativo que sigamos viviendo a propósito, con un propósito. La productividad no tiene por qué ser por un sueldo, pero debe ser por algo más allá de uno mismo.

Ciertamente, aquellos en el ministerio saben que, si bien podemos jubilarnos desde un llamado a un puesto o una carrera en particular, nunca nos jubilarémos de nuestro llamado como seguidores de Cristo. Lo mismo debería ser cierto para cada creyente.

Lamentablemente, terminar bien es raro y nunca se puede dar por sentado. Recientemente descubrí algunas palabras proféticas en mi diario, escritas en 1991. Bill Hybels, un pastor muy estimado por decenas de miles, dijo: "Mi mayor temor es terminar en la categoría "ENT" " Él No Terminó". Ha pasado un tiempo considerable desde que mencionó esas palabras, y este maestro talentoso ya no está a la vista. Después de organizar innumerables clínicas de liderazgo a lo largo de los años, su última clínica fue una advertencia para todos los que alguna vez lo habían admirado.

Ningún líder o iglesia es perfecto; por lo tanto, nunca habrá un final perfecto. Sin embargo, puede que haya un final sano y que honre a Dios. En el libro de Bob Buford *Finishing Well* ("Terminando Bien"), se cita a Howard Hendrix compartiendo un estudio en el Seminario Fuller sobre cien líderes en la Biblia, de quienes tenemos datos adecuados para evaluar cómo terminaron. Sólo un tercio terminó bien, y la mayoría de ellos fracasaron en la última mitad de la vida. No fracasaron por un conocimiento inadecuado de las Escrituras; más bien, fracasaron por dos razones. Primero, no aplicaron las Escrituras en sus vidas. En segundo lugar, no contaron con un grupo de personas a quienes rendirles cuentas.[53]

Sólo los pocos terminan bien. En el año 2007, el Instituto Francis Schaeffer de Liderazgo de Iglesias en Ginebra informó que 90 por ciento de los líderes cristianos no terminan bien. Pero terminar bien no significa que los resultados estén en positivo. Más bien, como mi amigo el Dr. John Walker dice:

"Terminar bien significa estar más enamorado de Jesús al final que al principio".

Florecer hasta la meta es la clave. No significa servir durante un cierto número de años en un determinado lugar o puesto; todo se trata de relaciones. "Como palmeras florecen los justos; como cedros del Líbano crecen. Plantados en la casa del Señor, florecen en los atrios de nuestro Dios. Aun en su vejez, darán fruto, siempre estarán saludables y frondosos." (Salmo 92:12–14 NIV). Se trata de una relación de amor creciente con el amante de tu alma, y un compromiso amoroso creciente hacia la comunidad cristiana a la que Dios te ha llamado.

El autor John Bevere concluyó que, la forma ideal de dejar una iglesia se resume en Isaías: "Porque con alegría saldréis, y con paz seréis conducidos" (Isaías 55:12 RVR).

¡ABRAZA TU PRÓXIMO SÍ MÁS GRANDE!

Nadie será jamás más rico que sus relaciones, ahora y siempre. Nunca debemos dejar de anhelar lo que todavía está por venir. Me encantan las palabras de Kennon Callahan, quien hace años escribió: "La cuestión crucial para muchas personas en muchas, muchas congregaciones, es esto: "¿Crees que tus mejores años están detrás de ti? O ¿crees que tus mejores años aún están delante de ti? ...Dios no está simplemente en el pasado. Dios está en el presente y el futuro, guiándonos y llevándonos hacia la novedad de la vida . . . la esperanza es más fuerte que la memoria".

El comediante George Burns murió a la edad de 99 años. Poco antes de su muerte, escribió: "Hay un viejo dicho: 'La vida comienza a los 40' Eso es una tontería: la vida comienza cada mañana cuando te despiertas. Abre tu mente a ello; No te quedes ahí sentado, haz cosas...las posibilidades son infinitas. El caso es que con una buena actitud positiva (y un poco de suerte), no hay razón por la que no puedas vivir hasta los 100. Y una vez que hayas hecho eso, realmente lo habrás conseguido, porque ¡muy pocas personas mueren después de 100 años!

Es posible que no llegues a la marca del siglo. En la oración de Moisés, escrita en el Salmo 90:10 (NVI), dice: "Los años de nuestra vida son setenta años; y, en los más robustos, hasta ochenta años". Es decir, estoy satisfecho, pero todavía no he terminado y no estoy solo.

Un fuerte líder empresarial de mi edad pensaba que podría tener otros veinticinco años de vida y observó que ¡veinticinco años son una responsabilidad increíble! Puede que no tenga tanto tiempo, pero incluso si solo me quedan una década más o menos de energía razonable, quiero aprovechar al máximo ese tiempo. Nunca deberíamos subestimar la importancia de cualquier tiempo que nos quede.

Si estás esperando una transición importante, espero que vivas hasta que mueras. Que Dios te bendiga con todo lo que necesitas:

- Lágrimas suficientes para mantenerte tierno.
- Éxito suficiente para mantenerte animado.
- Desafío suficiente para mantenerte humilde.
- ¡Fe suficiente para seguir creyendo que lo mejor aún está por venir!

Se ha dicho que la vida cristiana se puede resumir en una palabra: confianza.

Jesús dijo: "Les dejo un regalo: paz en la mente y en el corazón. Y la paz que yo doy es un regalo que el mundo no puede dar. Así que no se angustien ni tengan miedo." (Juan 14:27 NTV).

No hay que temer el futuro. Dios ya está ahí esperando a que llegues. Como dijo una vez C.S. Lewis: "Hay muchísimas cosas más por delante, que las que dejamos atrás".

PREGUNTAS PARA REFLEXIONAR

¿Cuáles son tus criterios personales para terminar bien?

¿Alguna vez has considerado dejar tu puesto de trabajo actual? ¿Cuáles fueron los factores que contribuyeron a tu decisión?

¿Alguien te ha ayudado alguna vez a elevar tu perspectiva? Describe la experiencia.

EL MODELO CONVERSACIONAL 4 D

Las 4D significan Deleite, Desánimo, Descubrimiento y Determinación. Reflexiona periódicamente y luego comparte ejemplos de cada uno. Será bueno para tu alma y profundizará tu conexión con otros.

Deleite: ¿Qué te ha estado provocando alegría y te ha animado recientemente?

Desánimo: ¿Qué ha sido recientemente perturbador, agotador o desalentador para ti?

Descubrimiento: ¿Qué ha sido especialmente esclarecedor o alentador para ti, de la Palabra de Dios y de este capítulo?

Determinación: ¿Qué te está impulsando Dios a seguir o a hacer, como resultado de procesar ideas de la Palabra de Dios y de este capítulo?

12

¡DEJA DE PROCRASTINAR!

¡Una amiga nuestra bromea que su hijo de noveno grado obtuvo una "A" + el arte de procastinar! La mayoría de nosotros sabemos exactamente qué es eso. Todos hemos recibido la misma calificación una y otra vez. Teníamos la intención de programar esa conversación, leer ese libro o comenzar ese proyecto, solo que no ahora. Y antes de darnos cuenta, el *no ahora* se convierte en *nunca*.

En contraste, hay personas que deciden ignorar las distracciones y perseguir sus proyectos sin importar las circunstancias. Hombres como Nehemías. En el relato bíblico, Nehemías sintió la necesidad de reconstruir las murallas de Jerusalén, tanto que buscó el permiso de un rey pagano para llevar a cabo la tarea. Este hombre apasionado y lleno de propósito enfrentó muchos adversarios que intentaron distraerlo. En un momento crítico, Nehemías dijo: "Estoy ocupado en una gran obra y no puedo ir. Si bajara yo a reunirme con ustedes, la obra se vería interrumpida" (Nehemías 6:3 NVI).

Todos vivimos con distracciones constantes que pueden mantenernos alejados de lo mejor que Dios tiene para nosotros. Cuando me di cuenta recientemente de mi propio patrón de aplazamiento al terminar este libro, recordé ese pasaje. Al día siguiente, las palabras de Tim Keller me golpearon: "¿Hay algún proyecto que no has podido terminar? Aviva tu amor por las personas que se beneficiarían de él, mira al 'perfeccionador' de nuestra fe (Hebreos 12:2) y termínalo".

¿Qué tal si tener un amor más grande es realmente la clave para llevar algo a su término? Al final de un retiro reciente, uno de los participantes hizo una declaración sorprendente: "¡Me estoy arrepintiendo de desperdiciar mi don de liderazgo!" Si conocieras los desafíos especiales que enfrenta como padre de cinco hijos, podrías haberle dicho que no sea tan duro consigo mismo. Sin embargo, se dió cuenta de que no se había estado liderando adecuadamente a sí mismo, y ahí es donde todos necesitamos enfocarnos primero.

Debemos admitir que, hasta cierto punto, estamos donde estamos debido a malas decisiones y buenas oportunidades que hemos desperdiciado. Tal vez sea tan simple como consumir pasivamente demasiado contenido en lugar de perseguir activamente la tarea especial que Dios ha puesto ante nosotros. En el caso de Nehemías, no solo comenzó un gran proyecto, sino que lo completó en sólo cincuenta y dos días, ¡un poco más de siete semanas!

¿Qué gran proyecto podrías comenzar y terminar en las próximas siete semanas? Yo sé cuál es el mío. ¿Tienes uno en mente? Algunas personas desperdician su oportunidad de liderazgo al no comenzar, mientras que otras nunca terminan lo que empezaron.

LOGRAR HACER LO QUE HAY QUE HACER

En mi juventud, cuando era plantador de iglesias en Carolina del Sur, me hice amigo de un líder empresarial de alto nivel. El día que lo visité en su trabajo me sorprendió tanto el tamaño de su equipo como el tamaño de su oficina. Lo que más me asombró fue que su amplia oficina privada parecía una exposición en una tienda de muebles de alta gama. ¡No había ni un solo trozo de papel a la vista! Me reí y le dije: "¿No trabajas nunca aquí?". Paul sonrió y luego me convenció al decir: "¡Aprendí hace mucho tiempo que solo puedo hacer una cosa a la vez!"

Años atrás, Charles Schwab confrontó a un consultor con un desafío inusual: "Muéstrame una manera de hacer más cosas y, si funciona, pagaré cualquier cantidad dentro de lo razonable". Luego, el consultor le entregó un trozo de papel y le pidió que escribiera las cosas que necesitaba hacer al día siguiente. Después, le pidió que las enumerara en orden de prioridad. Luego le dijo: "Mañana comienza con la primera tarea y no continúes hasta que lo hayas terminado. Luego, cada día haz lo mismo. Haz una lista, ordena las cosas por prioridad y comienza desde la parte superior. Después de hacer esto durante varias semanas, simplemente mándame un cheque por lo que creas que vale".

Unas semanas después, el consultor recibió un cheque sorprendentemente grande junto con una nota de Charles Schwab, diciendo que este pequeño ejercicio fue la lección más rentable que había aprendido en toda su carrera empresarial. No tienes que pagar nada por este consejo, pero ¿y si lo aplicas?

- ¿Cómo has estado desperdiciando tus propias oportunidades de liderazgo últimamente?
- ¿Cuál es la mejor tarea o proyecto que necesitas estar haciendo ahora?
- ¿Cuándo decidirás lanzar un proyecto de cincuenta y dos días que podría cambiar la trayectoria de tu vida, tu familia, tu ministerio o las vidas de aquellos a quienes has sido llamado a servir?

Nunca habrá un día sin distracciones, ni un día sin la oportunidad de comenzar de nuevo repetidamente. Un trabajo en progreso sigue siendo un progreso. Hacer algo es mejor que no hacer nada.

No podemos hacerlo todo, pero podemos hacer algo empezando ahora.

ELIGIENDO LO MEJOR

No puedo dejar de animarte a que dejes de aplazar las cosas y comiences a elegir lo mejor.

Y una de las mejores cosas que puedes elegir es crear intencionalmente entornos y aceptar relaciones que fortalezcan tu alma.

No solo necesitamos otro libro, conferencia o título académico. Necesitamos saber, en lo más profundo de nuestra alma, que somos conocidos, amados y aceptados.

¡Esa es la clave para vivir en plenitud!

Para mí —y para cientos de líderes con los que he trabajado— una clave para prosperar se ha encontrado en grupos de pacto. Estos pequeños grupos que enriquecen el alma crean la oportunidad para la conexión, la autenticidad, el crecimiento y la transformación.

Ya sea que visites covenant-connections.org y lances tu propio grupo de pacto, o que te unas o inicies un pequeño grupo bajo un modelo diferente, las conexiones profundas serán el ingrediente secreto para cualquier transformación que desees hacer en tu vida.

Desafortunadamente, comenzar con un pequeño grupo es una de esas cosas que es fácil posponer. Rara vez se siente como una urgencia para alguien. Por eso muchos lo posponen... ¡indefinidamente! No es porque no tengan la intención de hacerlo algún día; simplemente, el día ideal rara vez llega.

Una razón por la que a menudo procrastinamos es porque no sabemos exactamente qué hacer, cómo hacerlo o a quién pedir que se una a nosotros. A menudo, aquellos que están listos y dispuestos a comenzar un grupo dudan porque nunca han liderado realmente un grupo diseñado para conectar tanto con la mente como con el corazón. Si ese eres tú, aquí hay doce consejos prácticos garantizados para ayudarte a salir del estancamiento y mantenerte inspirado.

¡Primero, una palabra de advertencia! Cada uno de estos doce pasos puede parecer fácil de hacer; por lo tanto, ¡cada uno es fácil de no hacer! Si te mantienes con este modelo, tu grupo se mantendrá unido mucho mejor. De hecho, puedes catapultar cualquier grupo pequeño tradicional a un pequeño círculo de cuidado del alma siguiendo este patrón. ¡No lo improvises; sigue el plan!

1. Ora primero y presta atención a los impulsos que surgen. A medida que oras y reflexionas sobre lanzar un círculo de cuidado del alma, presta atención a los amigos que vienen a tu mente. Dado que el Señor dirige nuestros pasos, también puede dirigir nuestros pensamientos y hacer que ciertas personas te pasen por la mente. Pregunta: "Señor, ¿quién podría

estar abierto a tomar una conexión renovadora conmigo y con otros?"

2. Invita a las personas. Al hacerlo, házles saber que la invitación es por un número determinado de meses y no para el resto de sus vidas. Los grupos suelen funcionar en ciclos. La mayoría de los grupos se enfocan en el semestre de primavera y el semestre de otoño. Rara vez florecerán durante la temporada navideña o durante el verano. Acepta eso y respétalo.

3. Aclara la agenda. Los grupos más transformacionales no son principalmente informativos, sino relacionales. Sí, un estudio grupal de la Biblia es beneficioso, pero no a menos que se enfoque en la "teología aplicada". ¡Se nos llama no solo a ser oidores de la Palabra, sino hacedores de la Palabra! Una forma de estructurar un grupo es simplemente discutir un capítulo de un libro como este o un libro del Nuevo Testamento o simplemente el mensaje del domingo anterior. Pregunta: "¿Qué podría estar diciéndote Dios a través de esto?"

4. Establece una rutina refrescante. Todos prosperan en rutinas saludables a nivel personal, y lo mismo es cierto en lo relacional. Comienza cada sesión con un chequeo personal. Es decir, pide a todos que compartan una palabra o frase que resuma su estado de ánimo o situación

actual. Esa palabra podría ser "Estoy agradecido", "Estoy cansado", "Estoy confundido" o "Estoy en paz". Luego, cada persona dice: "¡Estoy completamente comprometido!" A lo que los demás en el grupo responden: "¡Dios te bendiga!" Este es uno de los ritmos regulares que ayuda a todos a evaluar sus propios sentimientos y a comprender mejor los sentimientos y circunstancias de los demás.

5. "Toma dos." La persona típica se siente muy incómoda con el silencio, especialmente en presencia de otros. En la mayoría de los casos, no pasan más de unos pocos segundos antes de que alguien llene el vacío. En los grupos, es asombroso lo que sucede después de sentarse intencionadamente en silencio juntos durante dos minutos completos. ¡Esto no es una pérdida de tiempo! El silencio permite a los introvertidos organizar sus pensamientos, a los extrovertidos recalibrar su discurso, y a todos estar en calma en la presencia de Dios. Así que, decide "tomar dos" (es decir, dos minutos de silencio) al comienzo de cada sesión.

6. Sigue el modelo de las 4 Ds. Permitir que todos compartan un *deleite*, un *desánimo*, un *descubrimiento*, y una *determinación* para una conexión más profunda es muy interesante y fomenta la unión. Seguir consistentemente este patrón hace que los grupos se

integren rápidamente y continúen acercándose los unos a otros. Todos pronto esperarán con ansias este ritmo porque no solo descubrirán nuevas ideas de los demás, sino que a menudo se sorprenderán de lo que escuchan al compartir. Esta verbalización abre conversaciones fáciles e interesantes. Todos son expertos en su propia experiencia de vida y se sienten validados cuando los demás los escuchan procesar en voz alta.

7. No trates de arreglar a los demás; solo escucha. Necesitamos recordarnos a menudo la idea clásica del estimado psiquiatra Dr. Karl Menninger que compartimos anteriormente. Aquí está nuevamente: "Escuchar es una experiencia magnética y extraordinaria, una fuerza creativa que nos atrae. Nos sentimos atraídos hacia aquellos amigos que nos escuchan. Cuando sentimos que realmente nos escuchan, esto nos transforma, nos permite desplegarnos y expandirnos"

8. Modela y fomenta afirmaciones. Siempre es bueno afirmar algo que alguien ha compartido e incluso resumir un punto en particular con la frase: "Lo que estoy escuchando que dices es…" Este enfoque simple es muy honroso.

9. Oren los unos por los otros. La mayoría de las oraciones en grupo son incómodas porque la mayoría de las personas no saben sobre qué

orar. Por el contrario, orar en voz alta por la persona a tu lado es tanto natural como muy personal. Esto es especialmente cierto después de que acabas de escucharles compartir sus 4D. La oración ha sido descrita simplemente como "estar en compañía con Dios." En cada sesión, todos estarán en "buena compañía" con Dios y con los demás.

10. Recuerda, la confidencialidad es clave para la franqueza. Menciona regularmente a los participantes que las cosas personales compartidas en el grupo se quedarán en el grupo. Por ejemplo, si alguien está luchando en su familia, con su trabajo o con su salud, necesita saber que las cosas privadas permanecerán privadas. Nadie debería temer ser avergonzado más tarde por algo que se compartió confidencialmente en un momento de preocupación o confesión (No obstante, es importante destacar que esta regla de confidencialidad excluye la información relacionada con abuso, violencia, delitos, amenazas, u otros asuntos que deban ser reportados a las autoridades para salvaguardar la seguridad y el bienestar de todos).

11. Mantén un diario de ideas. Los estudios sobre el cerebro documentan que retenemos mucho más cuando escribimos las cosas. Anima a todos a llevar un diario para registrar algunos de sus aprendizajes de la

conversación del grupo cada semana. Te animo encarecidamente a que todos hagan de esto un diario escrito a mano y no uno electrónico. ¡El registro tangible de tus sesiones pronto se convertirá en un tesoro inspirador y renovador!

12. Haz de la esperanza un hábito. Aquellos que buscan servir como médicos del alma deben liderar y amar a otros con la confianza de que Dios no ha terminado con ninguno de nosotros. Nunca debemos perder de vista la realidad de la resurrección. Si Dios puede resucitar a los muertos, no hay nada que Él no pueda hacer. Los que tienen la esperanza más fuerte en Dios serán los líderes más fuertes del pueblo de Dios.

Liderar y facilitar un círculo de cuidado del alma es un alto privilegio que requiere una dirección cuidadosa y persistente. No es necesario que una sola persona tenga todas las respuestas. Las reuniones del círculo no son lecciones bíblicas, sino una experiencia de aprendizaje mutuo. Aprendemos al escuchar, tanto a los demás como a nosotros mismos. Dicho esto, una persona debe asumir el rol especial de asegurar que se siga el esquema y que cada miembro sea escuchado.

Si deseas profundizar, debes enfocarte en menos. La transformación ocurre mejor en círculos, no en filas. Recomendamos que los círculos se limiten a cuatro a siete individuos y que, una vez que el círculo se vincule, no se incluyan miembros adicionales. Los grupos requieren tiempo para madurar y construir confianza. Seguir consistentemente estos pasos simples fomentará que eso suceda más rápido de lo que puedes imaginar.

¿EN QUIÉN CONFÍAS?

Todos estamos en el mismo barco ahora mismo, y el barco se llama Confianza Despiadada. Acabo de releer los aspectos más destacados de uno de mis libros favoritos con ese mismo título. El autor, Brennan Manning, comparte el relato esclarecedor de cuando John Kavanaugh, un brillante ético y profesor de filosofía, fue a trabajar con la Madre Teresa en la Casa de los Moribundos en Calcuta. En su primera mañana de servicio, ella le preguntó: "¿Y qué puedo hacer por ti?"

Kavanaugh simplemente le pidió que orara por él.

"¿Qué quieres que ore por ti?", preguntó ella.

Él respondió humildemente: "Reza para que tenga claridad".

Ella dijo con firmeza: "No, no haré eso".

Cuando él le preguntó por qué, ella dijo: "La claridad es lo último a lo que te estás aferrando y debes soltarlo".

Cuando Kavanaugh comentó que ella siempre parecía tener la claridad que él anhelaba, ella se rió y dijo: "Nunca he tenido claridad; lo que siempre he tenido es confianza. Así que oraré para que confíes en Dios".

Confiar en que Dios te ama y que está contigo y a favor tuyo es vital. Sin embargo, también es esencial que encontremos a un pequeño grupo de personas de las que podamos decir lo mismo.

Claro, puede que hayas sido lastimado o traicionado en el pasado. Puede que te sientas abrumado por el estrés de la vida y sobrepasado por las demandas incesantes. Lo entiendo—no estás inventando esto—la vida es dura.

Pero considera esto, ¡ahora no es para siempre! ¿Podría ser que algunas de las relaciones más ricas y gratificantes que hayas tenido todavía están por venir? Deja de procrastinar y comienza a invertir en los demás. ¡La salud de tu alma está en juego!

PREGUNTAS PARA REFLEXIONAR

¿Qué has estado aplazando?

¿Tiendes a mirar hacia el futuro con esperanza o a temerlo?

¿Qué te inspira sobre lo que puede venir?

EL MODELO CONVERSACIONAL 4 D

Las 4D significan Deleite, Desánimo, Descubrimiento y Determinación. Reflexiona periódicamente y luego comparte ejemplos de cada uno. Será bueno para tu alma y profundizará tu conexión con otros.

Deleite: ¿Qué te ha estado provocando alegría y te ha animado recientemente?

Desánimo: ¿Qué ha sido recientemente perturbador, agotador o desalentador para ti?

Descubrimiento: ¿Qué ha sido especialmente esclarecedor o alentador para ti, de la Palabra de Dios y de este capítulo?

Determinación: ¿Qué te está impulsando Dios a seguir o a hacer, como resultado de procesar ideas de la Palabra de Dios y de este capítulo?

CONCLUSIÓN

¿QUÉ SEMILLAS ESTÁS PLANTANDO?

"OH SEÑOR, SOLO TÚ ERES MI ESPERANZA;
EN TI HE CONFIADO, OH SEÑOR, DESDE MI NIÑEZ...

AHORA QUE ESTOY VIEJO Y CANOSO,
NO ME ABANDONES, OH DIOS.
PERMÍTEME PROCLAMAR TU PODER
A ESTA NUEVA GENERACIÓN,
TUS MILAGROS PODEROSOS A TODOS
LOS QUE VIENEN DESPUÉS DE MÍ."

— SALMO 71:5, 18

Estás escribiendo tu legado ahora. Todos serán recordados por algo. ¿Cómo quieres ser recordado?

Ésta es una pregunta oportuna para mí, mientras termino este libro y comienzo el capítulo final de mi vida.

Hay dos cosas por las que me gustaría que me recordaran.

Quiero que me recuerden por invertir en otras personas hasta el punto en que florezcan. Me encantaría que se dijera de mí, "Sus frutos crecen en los árboles de otras personas".

Yo también quiero ser recordado como un hombre que vivió con Jesús, así como vivió para Él. Después de todo, por mucho que estemos orgullosos de nuestra lista de tareas pendientes, el legado final es lo que hicimos con Jesús. Es una vida vivida en sociedad, a través de la presencia y el poder del Espíritu Santo. "Y el secreto es: Cristo vive en ustedes. Eso les da la seguridad de que participarán de su gloria." (Colosenses 1:27 NTV).

Nuestro legado duradero no es nuestro desempeño para Cristo, sino nuestra asociación con Cristo y nuestra posición en ¡Cristo! Hay sólo uno que ha vivido una vida perfecta y Él es aquel que ha prometido redimir todas las cosas y hacerlas nuevas.

¿QUÉ SEMILLAS ESTÁS PLANTANDO?

Me encanta la historia contada en *The Man Who Planted Trees* ("El hombre que plantó árboles") de Jean Gionó. El autor relata, un encuentro en los Alpes franceses con un sencillo pastor. Todas las noches, el pastor seleccionaba cuidadosamente cien bellotas perfectas para plantar al día siguiente.

Así lo resumió Ken Gire en su libro *Life as We Would Want It...Life as We Are Given It*: ("La vida como la quisiéramos...La vida tal como nos la dan"):

En ese momento, debido a la deforesta-
ción descuidada, las montañas alrededor
de Provenza, Francia, eran áridas. Los antiguos pueblos quedaron desiertos porque los
manantiales y los arroyos se habían secado.
El viento soplaba con furia y sin obstáculos a
causa de la vegetación.

Mientras escalaba una montaña, Giono llegó
a la cabaña de un pastor, donde lo invitaron a
pasar la noche.

Después de la cena, Giono observó al pastor
que clasificaba meticulosamente un montón
de bellotas, desechando las que estaban agrie-
tadas o no tenían el tamaño insuficiente.
Cuando el pastor había contado cien bellotas
perfectas, culminó por esa noche y se fue a
la cama.

Giono se enteró que el pastor, de cincuenta
y cinco años, había estado plantando árboles
en las laderas salvajes durante más de tres
años. Había plantado cien mil árboles, de los
cuales veinte mil habían brotado. De ellos, él
esperaba que la mitad fueran comidos por los
roedores o murieran, debido a los elementos,
y esperaba que la otra mitad viviera…

Las áridas montañas alrededor de Provenza, Francia, fueron recuperadas una semilla a la vez. Tardaron años en sembrarlas, y años para cultivarlas. Poco a poco la vida volvió. Primero los árboles. Luego los arroyos. Y finalmente los pueblos, rebosantes de nueva vida y espíritu de aventura.[56]

¿Cómo ocurrió esa transformación? Lenta y deliberadamente. Fue la siembra diaria y fiel de bellotas, lo que finalmente produjo una revitalización sorprendente. Sucedió con el tiempo, no de la noche a la mañana.

Todos estamos sembrando semillas a medida que avanzamos por la vida. Lo que hacemos importa. Si seguimos sembrando "semillas" espirituales y plantando "árboles" espirituales en la fe, por la gracia de Dios ayudaremos a cambiar el paisaje de nuestra comunidad, nuestro país y nuestro mundo. Pero todo comienza cambiando el paisaje de nuestra propia alma.

Para dejar un legado, en lugar de vivir simplemente para un currículum, todos debemos tomar la decisión de vivir para algo más grande que nosotros mismos. Algo más importante que nosotros mismos. Algo que durara más allá de nosotros mismos.

Si bien nuestro calendario es temporal, el calendario de Dios es eterno. Por lo tanto, prosperamos con el combustible de alto octanaje de la esperanza, confiando no en nosotros mismos sino en quien ama nuestras almas, el Único que puede redimir todas las cosas.

Cada día debemos optar por plantar semillas con esperanza, confiando en Dios por la cosecha aún por venir, incluso si la cosecha es mucho después de que nos hayamos ido. Por eso, oro con frecuencia: "Señor, ¡ayúdame a vivir por lo que seguirá viviendo, con otros que seguirán viviendo!"

Cuando era joven en el ministerio frecuentemente me sentía decepcionado con la falta de resultados que estaba viendo. Cuando mis padres vinieron a Carolina del Sur para visitarnos, compartí mi frustración mientras mi padre y yo estábamos en un paseo de carro durante un día lluvioso. Nunca olvidaré el momento cuando dijo en voz baja, algo como esto: "Si te ocupas de la profundidad de tu ministerio, Dios se encargará de la amplitud de tu ministerio".

Dios usó esas sabias palabras para guiarme por un camino relacional. Tuve mucho que aprender acerca de estar con el Señor y con otra gente. La aplicación de ese desafío para mí, requirió una profundidad cada vez mayor de las relaciones, tanto verticalmente con Cristo como horizontalmente con el cuerpo de Cristo.

No es interesante que cuando Jesús escogió a los doce apóstoles, como se nos dice en Marcos 3:14 (NVI), Él "designó doce para que estuvieran con él". Las palabras *con él* siempre han sobresalido para mí. ¡Jesús nos está recordando a todos que, no es sólo una cuestión de qué haces en la vida o adónde vas, sino con quien haces las cosas y quienes van de la mano contigo!

¡Al final de tus días, lo que considerarás tu mayor ganancia son tus relaciones!

NO ES DEMASIADO PRONTO PARA PENSAR EN EL LEGADO RELACIONAL QUE DEJARÁS

"Voy a morir. Para cuando leas estas líneas, es posible que incluso esté muerto...No sé cuándo moriré. Sólo sé que lo haré. Voy a morir, y tú también".

Esas son las palabras iniciales del aleccionador discurso de David Gibson en su libro *Living Life Backward: How Ecclesiastes Teaches Us to Live in Light of the End* ("Vivir la vida al revés: cómo Eclesiastés nos enseña a vivir en con el fin en mente"). Él escribe: "Si supieras que la muerte sucedería mañana, ¿cómo vivirías hoy? Ese es el punto de Eclesiastés."[57]

¿Estás listo para morir hoy?

Ésa es la pregunta que a menudo me asalta cada mañana. Salomón dijo en Eclesiastés 7:4 (NTV): "El que es sabio piensa mucho sobre la muerte".

Cuando se trata de la duración de nuestras vidas, ni tu ni yo tenemos alguna garantía. Esto podría ser lo último que yo escriba, o que tu leas. Si ese es el caso, reflexiona sobre estas palabras de *The Imitation of Christ* ("La imitación de Cristo") por Tomás de Kempis:

> Bienaventurado el que siempre tiene la hora de su muerte ante sus ojos y cada día se prepara para morir. . .

> Cuando llegue la mañana, piensa que puede morir antes de la noche, y cuando llega la tarde, no se atreve a prometerse a mismo para la mañana siguiente.

> Por tanto, mantente siempre preparado y dirige así tu vida, para que la muerte nunca te tome desprevenido.

Cuando mi padre murió a la edad de ochenta y tres años, su correo electrónico estaba vacío. Papá me dijo que él oraba todas las noches con sus palmas abiertas diciendo: "Señor, ¡estoy listo para partir en el momento en que tú estés listo para llevarme!" Esa es una oración audaz y, francamente, yo no estoy tan seguro de estar listo para orarla. Todavía tengo algunas cosas inmediatas que quiero y espero hacer.

Yo comienzo cada día con una lista de tareas pendientes. Y espero vivir bien hasta que muera, con algo significativo que hacer. Sin embargo, mientras tengo varias cosas que me gustaría hacer en la categoría de lo inmediato, no me queda nada por lograr en la categoría de lo final.

Jesús se ha ocupado de todo lo que es de suma importancia. Como me gusta recordarle a los demás, y sobre todo a mí mismo, la posición de Salvador no está vacante. Por lo tanto, si este es mi último día, puedo descansar en Su soberanía.

La gente de fe, esperanza y amor nunca será irrelevante.

El mejor patrimonio que alguien puede dejar no es una herencia sino un legado. La marca definitiva de terminar bien no es un gran ministerio, un negocio exitoso o el libro más vendido.

En otras palabras, el mejor legado no es nada que dirija la gente hacia nosotros. Más bien, es una vida de amor que invierte en otras personas, todo el tiempo apuntando al Eterno que es el Alfa y el Omega, el principio y el fin, el Señor de la vida y de la muerte.

Tener conciencia de lo temporal que es la vida es un don de Dios que da sentido a la vida. Cada uno de nosotros estamos llamados a invertir en y disfrutar cada día, cortesía de Dios. Este es un día que nunca antes habíamos visto, y nunca volveremos a ver, y puede que sea el último. Eso no está destinado a provocar tristeza, sino sobriedad y consideración.

¿Cómo invertirás los días y años que te quedan?

¿A qué relaciones te entregarás?

¿Actuarás para Dios, o colaborarás con Él?

¿Qué legado dejarás?

Que el Dios de la esperanza
los llene de toda alegría
y paz a ustedes que creen en
él, para que rebosen de esperanza
por el poder del Espíritu Santo.
(Romanos 15:13 NVI).

¡Que por la gracia de Dios seas colmado de esperanza, creyendo que lo mejor siempre está por venir!

NOTAS

1 Oswald Chambers, *My Utmost for His Highest*, edición actualizada, 15 de diciembre (Grand Rapids, MI: Oswald Chambers Publications in affiliation with Our Daily Bread Ministries, 1935; 1992), 350.

2 Mark Buchanan, *Hidden in Plain Sight: The Secret of More* (Nashville, TN: Thomas Nelson, 2012), 3.

3 Oswald Chambers, *My Utmost for His Highest*, edición actualizada, 1 de mayo (Grand Rapids, MI: Oswald Chambers Publications in affiliation with Our Daily Bread Ministries, 1935; 1992), 122.

4 Henri Nouwen, *The Wounded Healer: Ministry in Contemporary Society* (New York: Image Books/Doubleday, 1972), 42–43, 78.

5 Marvin Olasky, Why so many criminals? How modern justice system practices miss the heart of the problem," World magazine, 9 de octubre, 2017, https://wng.org/articles/why-so-many-criminals-1620611987.

6 Angela Lu Fulton, "Shut in and shut out," World magazine, 11 de noviembre, 2017, https://wng.org/articles/shut-in-and-shut-out-1620597080.

7 Charity Byers y John Walker, *Unhindered: Aligning the Story of Your Heart* (Calabasas, CA: Avail Press, 2020), 56.

8 Henri Nouwen, *The Wounded Healer: Ministry in Contemporary Society* (New York: Image Books/Doubleday, 1972), 42–43.

9 Brennan Manning, *Ruthless Trust: The Ragamuffin's Path to God* (New York: HarperCollins, 2000), 5.

10 Doc Childre y Howard Martin, con Donna Beech, *The HeartMath Solution: The Institute of HeartMath's Revolutionary Program for Engaging the Power of the Heart's Intelligence* (New York: HarperCollins, 1999), 23.

11 Doc Childre y Howard Martin, con Donna Beech, *The HeartMath Solution: The Institute of HeartMath's Revolutionary Program for Engaging the Power of the Heart's Intelligence* (New York: HarperCollins, 1999), 55.

12 John Ortburg, *Soul Keeping: Caring for the Most Important Part of You* (Grand Rapids: Zondervan, 2014).

[13] Ibid.

[14] Joseph Myers, *The Search to Belong: Rethinking Intimacy, Community, and Small Groups* (Grand Rapids, MI: Zondervan, 2003), 5, 20, 151.

[15] Tim Keller con Kathy Keller, *God's Wisdom for Navigating Life: A Year of Daily Devotions in the Book of Proverbs* (New York: Viking, 2017), 164.

[16] Gordon MacDonald, *Renewing Your Spiritual Passion* (Nashville: Thomas Nelson, 1986), 71–88.

[17] Paul Tournier, *A Place for You: Psychology and Religion* (New York: Harper & Row, 1968), 9.

[18] Brené Brown, *The Gifts of Imperfection: Let Go of Who You Think You're Supposed to Be and Embrace Who You Are* (Center City, MN: Hazelden, 2010), 12.

[19] Robert Putnam, *Bowling Alone: The Collapse and Revival of American Community* (New York: Simon and Schuster, 2001).

[20] Wes Beavis, *Let's Talk About Ministry Burnout: A Proven Research-based Approach to the Wellbeing of Pastors* (Powerborn Publishing).

[21] Sean Morgan, "Aaron Brockett Talks Building Trust and Bringing Change Through Transition," Leaders in Living Rooms, podcast, 14 de noviembre, 2019.

[22] David Benner, *Sacred Companions: The Gift of Spiritual Friendship & Direction* (Downers Grove, IL: InterVarsity Press, 2002).

[23] David Benner, Sacred Companions.

[24] M. Robert Mulholland, *Invitation to a Journey: A Road Map for Spiritual Formation* (Downers Grove, IL: InterVarsity Press, 1993), 16.

[25] John Ortberg, *The Life You've Always Wanted: Spiritual Disciplines for Ordinary People* (Grand Rapids, MI: Zondervan, 1997, 2002), 20.

[26] Chip Heath y Dan Heath, *The Power of Moments: Why Certain Experiences Have Extraordinary Impact* (New York: Simon & Schuster, 2017), 243–46.

[27] Ian Morgan Cron, *The Road Back to You: An Enneagram Journey to Self-Discovery* (Downers Grove, IL: InterVarsity Press, 2016), 137.

[28] Tyler Zach, *The Gospel for Achievers: A 40-Day Devotional for Driven, Successful Go-Getters (Enneagram 3)* (autopublicado, 2020), 82.

29 Doc Childre y Howard Martin, con Donna Beech, *The HeartMath Solution: The Institute of HeartMath's Revolutionary Program for Engaging the Power of the Heart's Intelligence* (New York: HarperCollins, 1999), 23, 55.

30 Dan Britton, Jimmy Page y Jon Gordon, *One Word That Will Change Your Life* (Hoboken, NJ: John Wiley & Sons, 2013), 6, 14–23.

31 Bob Buford, *Finishing Well: The Adventure of Life Beyond Halftime* (Grand Rapids, MI: Zondervan, 2004), 123–24.

32 Randy Alcorn, "Believer's Judgment of Works," Eternal Perspective Ministries, 1 de enero, 1994, https://www.epm.org/resources/1994/Jan/1/believers-judgment-works/.

33 Michael John Cusick, *Surfing for God: Discovering the Divine Desire Beneath Sexual Struggle* (Nashville, TN: Thomas Nelson, 2012), 8.

34 C.S. Lewis, *Mere Christianity* (New York: Macmillan, 1952), 94–95.

35 C.S. Lewis, *A Year with C.S. Lewis: Daily Readings from His Classic Works*, Patricia S. Klein, ed., 29 de junio (San Francisco: HarperCollins, 2003), 197.

36 Henri Nouwen, *The Way of the Heart: Connecting with God Through Prayer, Wisdom, and Silence* (New York: Ballantine Books, 2003), 16.

37 C.S. Lewis, *Mere Christianity* (New York: Macmillan, 1952), 81.

38 R. Paul Stevens y Clive Lim, *Money Matters: Faith, Life, and Wealth* (Grand Rapids, MI: William B. Eerdmans, 2021).

39 Marjorie Thompson, *Soul Feast: An Invitation to the Christian Spiritual Life* (Ciudad: Editorial, Año), 69.

40 John Ortberg, *Soul Keeping: Caring for the Most Important Part of You* (Grand Rapids, MI: Zondervan, 2014), 32.

41 Tim Hansel, *You Gotta Keep Dancin'* (David C. Cook Publishing Company, Elgin, Illinois 1985), 54.

42 Paul David Tripp, 4 de febrero, *New Morning Mercies: A Daily Gospel Devotional* (Wheaton, IL: Crossway, 2014).

43 D. Martyn Lloyd-Jones, *Spiritual Depression: Its Causes and Its Cure* (Grand Rapids, MI: William B. Eerdmans, 1972), 20–21.

44 Bessel van der Kolk, *The Body Keeps the Score: Brain, Mind, and Body in the Healing of Trauma* (New York: Penguin, 2014), 11.

45 David Brooks, "The Summoned Life," The New York Times, 2 de agosto, 2010.

46 John Stott, *The Radical Disciple: Some Neglected Aspects of Our Calling* (Downers Grove, IL: InterVarsity Press), 13.

47 John Baillie, *A Diary of Private Prayer* (New York: Scribner, 1949), 115.

48 Mark Batterson, *In a Pit with a Lion on a Snowy Day: How to Survive and Thrive When Opportunity Roars* (New York: Multnomah, 2006), 69–70.

49 Maria Konnikova, "What's Lost as Handwriting Fades," New York Times, 2 de junio, 2014.

50 Henry Cloud, *Necessary Endings: The Employees, Businesses, and Relationships That All of Us Have to Give Up in Order to Move Forward* (New York: HarperCollins, 2010), 6–8.

51 Bob Russell y Bryan Bucker, *Transition Plan* (Louisville, KY: Ministers Label, 2010).

52 Jeffrey Sennefeld, *The Heroes Farewell: What Happens When CEOs Retire?* (New York: Oxford University Press, 1988).

53 Bob Buford, *Finishing Well: The Adventure of Life Beyond Halftime* (Grand Rapids, MI: Zondervan, 2004), 123–24.

54 Tim Keller con Kathy Keller, *God's Wisdom for Navigating Life: A Year of Daily Devotions in the Book of Proverbs*, 27 de mayo (New York: Viking, 2017), 147.

55 Brennan Manning, *Ruthless Trust: The Ragamuffin's Path to God* (New York: HarperCollins, 2000), 5.

56 Ken Gire, *Life as We Would Want It . . . Life as We Are Given It* (Nashville, TN: W Publishing Group, 2006), 79–82.

57 David Gibson, *Living Life Backward: How Ecclesiastes Teaches Us to Live in Light of the End* (Wheaton, IL: Crossway, 2017), 11.

SOBRE EL AUTOR

Alan Ahlgrim ha pasado más de la mitad de su vida en Colorado. Él es padre de tres hijos casados y seis nietos. Él y su esposa de por vida, Linda, disfrutan plenamente de una vida activa, senderismo, kayak, ciclismo y caminatas junto con su labrador australiano, Molly Brown, ¡el perro de renombre!

Alan sirvió veintinueve años como pastor fundador de la Iglesia Rocky Mountain Christian Church en Colorado, así como ayudó a catalizar un resurgimiento nacional de la plantación de iglesias. Él ahora está aprovechando la agonía y el éxtasis de cincuenta años de ministerio en su papel principal como fundador y director de cuidado del alma de Covenant Connections.

Alan invierte mucho en el arduo trabajo del corazón, ayudando a otros líderes a que vivan bien, sirvan bien y terminen bien a través de, conectarlos a grupos de pacto para enriquecer el alma. Estas pequeñas y profundas comunidades son transformadoras, y producen resultados notables de renovación y resiliencia. Para más información visite covenantconnections.life.

www.ingramcontent.com/pod-product-compliance
Lightning Source LLC
Chambersburg PA
CBHW021708120626
46545CB00004B/1456